Bärbel Oftring

Ab in den Wald!

KOSMOS

Das Waldjahr

Alles BLÜHT

Nun hat der Winter keine Chance mehr. Warme Sonnenstrahlen kitzeln die Bäume und Sträucher wach und vielstimmig verkünden die Vögel: Der Frühling ist da.
Seite 6 bis 27

Herrlich SCHATTIG

In der wärmsten Jahreszeit liegt der Wald unterm dichten Blätterdach im Schatten. Dort findet sich selbst an heißesten Sommertagen immer ein kühles Plätzchen.
Seite 28 bis 55

auf einen Blick

Höhepunkt mit
FEUERWERK

Bunt verabschiedet sich der Sommer im Wald, so als ob jemand in einen großen Farbtopf gegriffen hätte: Gelb, orange, rot und blau reifen die Wildfrüchte, Beeren und Pilze.

Seite 56 bis 75

Auf einmal kehrt
RUHE ein

Die letzten Blätter sind von den Bäumen gefallen und haben die leuchtenden Herbstfarben mitgenommen: Ruhe zieht ein in den Wald mit gedeckten Weiß-, Blau-, Schwarz- und Brauntönen.

Seite 76 bis 91

Ab in den Wald!

Bäume, so weit das Auge reicht – das ist der Wald! Ein dreidimensionaler Lebensraum, der tief unter der Erde mit dem gewaltigen Wurzelwerk beginnt und in schwindelnder Höhe in den Baumkronen endet. Im Wald können Sie sogar wie in einem Gebäude einzelne Stockwerke erkennen, mit typischen Pflanzen und Tieren. Zarte Moospolster und Laub bilden das Erdgeschoss am Waldboden, wo Mäuse, Ameisen, Spinnen und all die anderen kleinen Krabbeltiere zu Hause sind. Im ersten Stock zwischen Kräutern, Farnen und Blumen tummeln sich Dachse, Füchse, Wildschweine und Schmetterlinge, während Sie im zweiten Stock der Sträucher und jungen Bäume – sozusagen in Augenhöhe – Singvögel beobachten können. Im Dachgeschoss der hohen Baumkronen schließlich leben Spechte, Eulen, Eichhörnchen und Baummarder.

Wald ist aber nicht gleich Wald: Neben reinen Laub- oder Mischwäldern mit Laub- und Nadelbäumen gibt es auch die düsteren Nadelforste. An Flüssen und Bächen entlang erstrecken sich Auenwälder mit Bäumen, denen es nichts ausmacht, wenn ihre Füße beständig im Wasser stehen. Wieder einen anderen Waldcharakter können Sie in den Berg- und Schluchtenwäldern der Gebirge erleben, bis der Wald an der Waldgrenze in die offene Landschaft der Hochgebirge übergeht.

Abenteuer-Tipp

Wenn Sie sich ganz leise und mit offenen Augen und Ohren im Wald bewegen, nehmen Sie viel besser die Umgebung wahr. Jedes Geräusch, ob Rascheln im Laub oder Klopfen am Stamm, lädt zu Erkundungen ein. Und jedes Mal haben Sie eine kleine Erfahrung gemacht, die bereichert.

Der Wald lädt Sie das ganze Jahr über zu Entdeckungen ein – und immer ist dort etwas los, wenn auch manchmal im Verborgenen. In diesem Buch finden Sie 88 Gründe, im Frühling, Sommer, Herbst und Winter, am Morgen, Mittag, Abend und in der Nacht in den Wald zu gehen. Noch mehr Gründe sammeln Sie dann mit Ihren ganz persönlichen Erlebnissen!

EINLEITUNG

● Gut gerüstet unterwegs im Wald

Wetterfeste, robuste Kleidung und stabiles Schuhwerk (keine Sandalen) sind die beste Ausrüstung für abenteuerliche Erkundungstouren. Von März bis Oktober stecken Sie die Hosenbeine am besten in die Socken hinein, dann können dort keine Zecken auf Ihren Körper krabbeln. Draußen unterwegs zu sein macht durstig und hungrig: Nehmen Sie etwas zu trinken und zu essen mit.

Um die kleinen Tiere, Knospen und Blüten genauer anschauen zu können, können Sie eine Becher- oder Handlupe mitnehmen, ebenso eine Stofftasche im Herbst für Baumfrüchte (für Basteleien).

Sie sind nur ein Teil der Natur

Im Wald sind Sie zu Gast und Ihr Naturerleben sollte im Einklang sein mit dem Leben der Tiere und Pflanzen.

→ Beobachten Sie Tiere, egal ob Ameise oder Hirsch, behutsam und stören Sie sie nicht. Nehmen Sie Rücksicht auf die Lebewesen des Waldes.

→ Denken Sie beim Sammeln von Pflanzen und Pflanzenteilen daran, dass diese wichtige Nahrung für die Waldtiere sind. Entnehmen Sie nur kleine Mengen für den eigenen Bedarf.

→ Beachten Sie die Regeln und Gesetze zum Schutz der Natur, insbesondere in Waldschutzgebieten. Bei Fragen wenden Sie sich an den Förster oder die örtliche Naturschutzgruppe/-behörde.

→ Nehmen Sie stets Ihren Abfall wieder mit nach Hause. Müll gehört in den Mülleimer, nicht in die freie Natur.

→ Entzünden Sie Grillfeuer nur an den markierten Grillplätzen, wenn keine Waldbrandgefahr besteht.

Alles
BLÜHT

Nun hat der Winter keine Chance mehr. Warme Sonnenstrahlen kitzeln die Bäume und Sträucher wach und vielstimmig verkünden die Vögel (siehe Tipp 10): Der Frühling ist da mit frischem Grün, bunten Blumen und jeder Menge Tierkindern (siehe Tipp 1 und 2). Darum heißt es jetzt: Ab in den Wald! Und wenn Sie schon mal unterwegs sind, werfen Sie unbedingt einen Blick auf die Waldweiher. Dort findet eine der beeindruckendsten heimischen Tierwanderungen statt (siehe Tipp 23). Auf dem Rückweg sammeln Sie dann noch ein paar frische Wildkräuter für knackig-gesunde Salate (siehe Tipp 7).

FRÜHLING

Kinderstube Wald

TIPP 1

Während die Brutzeit bei den Vögeln sehr laut und auffällig vonstatten geht, ziehen die Säugetiere ihre Jungen eher im Verborgenen auf. Rehkitze etwa verschmelzen mit dem Waldboden, wenn sie dort regungs- und geruchlos auf ihre Mutter warten. Dachs- und Fuchsjunge verbringen die ersten Lebenswochen tief unter der Erde.

Auch Wildschweinbabys bleiben zunächst im Wurfkessel, einem großen Bodennest aus Gras und Zweigen, wo sie auf die Welt kamen. Die gestreiften Frischlinge sind jedoch rasch fit und unternehmen nach wenigen Tagen mit Mutter, Tanten und deren Jungen die ersten Ausflüge in die Umgebung. Doch Achtung! Von Wildschweinen und den putzigen Jungen, die schon bei Tageslicht unterwegs sind, müssen Sie sich fernhalten! Die Bache ist in dieser Zeit besonders auf der Hut und versteht keinen Spaß, auch nicht mit Spaziergängern und Hunden, die zwischen sie und ihre Jungen geraten.

Die Babywiege der meisten Schwarzspechtküken besteht aus Buchen- oder Kiefernholz.

So sehr das putzige Rehkitz auch zum Streicheln einlädt, es gilt: nicht anfassen!

FRÜHLING

Entdecken Sie bei Ihrem Waldspaziergang solch eine Szene, heißt das: sofort verschwinden oder verstecken! Wildscheinmütter sind unberechenbar.

TIPP 2

Wo die wilden Schweine wühlen

Wenn der Waldboden auf Lichtungen oder am Wegrand aussieht wie von einem Bulldozer umgepflügt, so sind Sie Wildschweinen auf der Spur. Beim Durchpflügen der Gras- und Kräutersoden mit der markanten Rüsselschnauze haben sie nur eines im Visier: Es könnte ja was Leckeres darunter verborgen sein – schmackhafte Wurzeln und Knollen zum Beispiel, Trüffel, fette Engerlinge oder gar ein Mäusenest. Jetzt im Frühjahr sind die Wildschweine besonders hungrig, denn der Nachwuchs will ja auch satt werden.

Steckbrief Wildschwein

Kräftige Paarhufer mit borstigem Fell. Werden bis zu 180 cm lang und bis zu 200 kg schwer (Keiler). Leben ganzjährig im Misch- und Laubwald. 6–9 Junge. Allesfresser.

FRÜHLING

Baumblüten entdecken

TIPP 3

So sehr bunte Blüten auch Ihr Auge erfreuen – sie sind zu einem anderen Zwecke gemacht. Im knallharten Geschäft von Überleben und Vermehren sorgen die Blüten mit ausgeklügelten Strategien dafür, dass sie auch tatsächlich bestäubt werden. Nur so können Blütenpflanzen Samen bilden und sich erfolgreich fortpflanzen. Wenn Sie nun denken, dies trifft ja nur auf die bunten Blumen am Wegesrand zu, nicht auf die scheinbar blütenlosen Bäume, dann täuschen Sie sich: Bei Eichen, Buchen, Ahorn, Fichten und anderen Gehölzen müssen Sie genauer hinschauen, um deren Blüten zu entdecken. Aber auch sie blühen.

Als Windblüher überlassen sie den Transport der Pollen dem Wind. Um die Wahrscheinlichkeit zu erhöhen, dass jede weibliche Blüte auch bestäubt wird, entlassen die meisten Bäume ihren Blütenstaub im noch blattlosen oder kaum beblätterten Zustand. Dann kann schon der leiseste Windhauch die extrem leichten Pollen mit sich reißen.

Nun wissen Sie, wann Sie auf Baumblüten-Erkundungstour gehen müssen: im März, April und Mai. Werfen Sie einen scharfen Blick auf die Äste und Zweige – und Sie entdecken die grünlichen kugel-, kätzchen- und zapfenförmigen Blüten unserer Bäume.

Ist Ihnen auch aufgefallen, dass viele Bäume (z. B. die Rot-Buche) männliche und weibliche Blüten haben? Das ergibt die nächste spannende Erkundungsrunde: Wer ist wer?

Und im Sommer und Herbst gibt es die Fortsetzung: Welche Früchte haben sich daraus entwickelt?

Zerzauste Büschel an langen Stielen – so sehen die männlichen Blüten der Rot-Buche aus.

FRÜHLING

TIPP 4 — Blütenstaub liegt in der Luft

Im Frühjahr ist der Wald, sonst ja für seine luftreinigende Wirkung bekannt, am „staubigsten". Dann entlassen Buchen, Eichen, Pappeln, Fichten, Eiben, Tannen und all die anderen Windbestäuber unter den Bäumen ihren Blütenstaub in die Luft. Und das sind Unmengen an Staub: Eine einzige männliche Eichenblüte setzt rund 40.000 Pollenkörner frei, eine einzige männliche Fichtenblüte sogar bis zu 200.000. Kein Wunder, dass nun gewaltige Staubwolken an windigen Tagen besonders aus Nadelwäldern ziehen. Diesen gelben Staub finden Sie dann auf Flüssen und Seen, Weihern und Pfützen – und auch auf Ihren Auto- und Fensterscheiben. Glücklicherweise lösen die Pollen der Nadelbäume keine Allergien aus.

Archäobotaniker freuen sich über diese Pollenmassen, von denen einige mit Sicherheit im Erdboden konserviert werden: So erfahren die Menschen in 10.000 Jahren, welche Bäume heute bei uns wachsen.

Ausflugs-Tipp
Pflücken Sie bei Ihrem Waldspaziergang ein paar der zartgrünen, ganz jungen Fichtentriebe. Fein gehackt geben sie Ihrem Salat eine feine Zitronennote.

Wie Schnee entlässt die Weide ihren Pollen.

FRÜHLING

TIPP 5 — Frühblüher überall

Buschwindröschen, Scharbockskraut, Sauerklee und Leberblümchen haben es nun ganz besonders eilig. Kaum künden die länger werdenden Tage den Frühling an, schon beginnen sie zu blühen. Das müssen sie auch. Denn nur solange die Laubbäume noch keine Blätter tragen, können die Blütenpflanzen am Waldboden im Sonnenlicht baden. Das nutzen die Blumen aus und überziehen den Waldboden mit einem dichten, bunten Blütenteppich. Da kommt Frühlingslaune auf! Diese Blumen können Sie dort entdecken, wo es …

→ … feucht ist: Scharbockskraut, Märzenbecher, Hohe Schlüsselblume, Wald-Gelbstern
→ … nährstoffreich ist: Buschwindröschen, Blaustern, März-Veilchen, Bärlauch, Rote Lichtnelke, Aronstab, Maiglöckchen, Knoblauchsrauke, Vierblättrige Einbeere, Bingelkraut, Lerchensporn
→ … kalkhaltig ist: Frühlings-Platterbse, Hohler Lerchensporn, Leberblümchen, Haselwurz, Waldmeister, Salomonssiegel, Diptam
→ … humusreich ist: Schattenblümchen
→ … lichte Waldwege gibt: Große Sternmiere, Huflattich

Ja, so viele Blumen gibt es im Frühlingswald! Treiben die Bäume aus, wird es dunkel am Waldboden und der bunte Zauber ist vorbei. Dann haben die Frühblüher aber schon ihre Samen ausgebreitet und ziehen sich bis zum nächsten Frühling in die unterirdischen Zwiebeln, Knollen und Wurzelstöcke zurück.

● **Abend im Wald**

Abends am Kolben einer Aronstab-Blüte (Achtung Giftpflanze) schnuppern: Er stinkt übelerregend und ist fühlbar warm – und das alles, um kleine Mückchen zum Bestäuben anzulocken, die dann auch noch für eine Weile in dem tiefen Blütenkelch gefangen gehalten werden …

Steckbrief Wald-Sauerklee
Eine unserer häufigsten Waldpflanzen. Die schattenverträglichste Blütenpflanze. Dreizählige Blätter neigen sich zur Ruhe nach unten. Weiße Blüten mit violetten Adern – sehr attraktiv. Bildet oft große Polster. Schmeckt sauer.

FRÜHLING

Steckbrief Rot-Buche
Wäre ohne Anwesenheit des Menschen der in Mitteleuropa häufigste Baum. Wichtiger Holzlieferant. 25–50 m hoch, bis zu 500 Jahre alt, ca. 200.000 Blätter verdunsten an sonnigen Tagen ca. 200 Liter Wasser. Unscheinbare männliche (hängend) und weibliche Blüten (aufrecht) April bis Mai, dreikantige Früchte (Bucheckern) in stacheliger Hülle im Herbst.

TIPP 6 Es grünt so grün

Jeden Tag gibt es nun vier Minuten mehr Sonnenlicht. Dieses Mehr an Licht ist der Startschuss für die heimische Natur, loszulegen: Der Winter ist spürbar vorbei.

Am Boden, im Gebüsch und in den Kronen treibt und sprießt es, (mit einem Stethoskop) hörbar schießt der Saft in Stämme, Zweige und Triebe. Wie von Zauberhand schieben sich aus den braunen Knospen der Bäume zartgrüne Blattspitzen, die sich täglich mehr entfalten und zu den arttypischen Blättern heranwachsen: herzförmig bei Linden, handähnlich bei Ahornen, gelappt mit oder ohne Öhrchen bei den Eichen. Dieses Schauspiel im Kleinen mit großer Wirkung dürfen Sie sich nicht entgehen lassen. Machen Sie ein Baum-Kennenlern-Ratespiel daraus: Wählen Sie auf Ihrem Lieblings-Spazierweg drei oder vier noch blattlose Bäume aus und tippen Sie im Familien- oder Freundeskreis, welche Arten das sind. Jede Woche eine Visite bei den Bäumen mit neuen Vermutungen – die vollständig ausgetriebenen Blätter verraten dann die Lösung.

Links: Weiße und lila Blüten an einer Pflanze, das gibt es beim Lerchensporn.

Rechts: Das wohl bekannteste Blatt bei uns: die Stiel-Eiche

14 FRÜHLING

Wilde Kräuter erkennen ...

TIPP 7

Köstlich, würzig, lecker – so schmeckt Wildes aus dem Wald. Was Edelköche in ihren Pfannen und Töpfen aus Bärlauch, Veilchen und anderem wildem Grün zaubern, gelingt auch Ihnen. Einzig wichtig ist: Sie müssen die Wildkräuter eindeutig

Nur was intensiv nach Knoblauch duftet, ist auch tatsächlich Bärlauch!

Wunderwerk Blatt

TIPP 8

Blätter sind einzigartige Biochemiefabriken, die völlig laut- und geruchlos gewaltige Stoffwechselmengen umsetzen. Fotosynthese heißt das Verfahren: Dank des grünen Blattfarbstoffs Chlorophyll, der wie eine Fotozelle Sonnenenergie einfängt, produzieren die grünen Pflanzen aus dem Kohlenstoffdioxid der Luft und Bodenwasser neue Materie in Form von Zuckerverbindungen. Zusammen mit den Mineral- und Nährsalzen aus dem Boden wird daraus die ganze Palette pflanzlicher Substanzen einschließlich Holz, Blütenfarben und Sauerstoff hergestellt. Beeindruckend, nicht wahr? Von dieser Pflanzenmasse ernähren sich die gewaltigen Heerscharen der Pflanzenfresser, die ihrerseits Nahrung für die Fleischfresser sind.

Doch warum streifen bei uns im Wald keine Herden großer Huftiere umher? In Lebensräumen wie den Savannen Afrikas gibt es gewaltige Mengen leicht verfügbarer Pflanzenmasse (Gräser), von denen sehr viele und auch große Pflanzenfresser (Antilopen, Gnus, Zebras etc.) satt werden. In unseren heimischen Wäldern hingegen wird ein Großteil der produzierten Pflanzenmasse in schlecht verdaulichem Holz festgelegt – und dieses können nur ganz wenige Nahrungsspezialisten fressen.

FRÜHLING

erkennen, sonst endet Ihr Festessen mit Bauchschmerzen. Bärlauch zum Beispiel duftet intensiv nach Knoblauch. Von allen ähnlichen Blättern, die das nicht tun (wie etwa die von Maiglöckchen oder Herbstzeitlose): Finger weg! Oder Giersch, eines der besten Wildgemüse, lässt sich leicht mit anderen giftigen Doldenblütlern (Schierling, Hundspetersilie) verwechseln. Zum Glück gibt es im Wald auch ganz eindeutig zu bestimmende Wildkräuter: Die Weiße Taubnessel gehört ebenso dazu wie Scharbockskraut, Huflattich, Waldveilchen und Brennnessel.

● **... und Leckeres daraus machen**
Wildkräuter sammeln, schnippeln, genießen. Aus den ganz jungen Blättern von Knoblauchsrauke, Giersch, Bärlauch, Scharbockskraut und Weidenröschen zaubern Sie leckere Kräuterbutter, knackige Salate und würzige Quarkspeisen. Junge Blätter von Veilchen, Sauerklee, Mädesüß, Taub- und Brennnesseln ergeben feine Gemüse, schmackhafte Risottos und delikate Suppen. Ein paar Blüten von Taubnessel, Bärlauch und Huflattich drüberstreuen: So starten Sie mit einem frischen Schub Vitaminen in den Frühling.

TIPP 9 Kinder-Bäume am Boden

Nicht nur oben im Geäst der Bäume tut sich was, auch auf dem Boden regt sich das Leben. Unter alten Bäumen finden Sie das zarte Hellgrün der Keimlinge. Solange die Bäume noch blattlos sind, können die Buchenkeimlinge ungehindert wachsen. Spätestens Ende Mai, wenn die Blätter vollständig entfaltet sind, ist das muntere Gedeihen vorbei: Dann beginnen die ersten Keimlinge mangels Licht zu verkümmern. Nur dort, wo ein alter Baum umgefallen ist und ein Fleckchen Licht auf den Waldboden fällt, wachsen die Keimlinge zu jungen Bäumen heran: Auch diese finden Sie im Wald.

FRÜHLING

Dem Waldvogelkonzert lauschen

TIPP 10

Ganz früh am Morgen, wenn der Tag gerade aufwacht, lädt der Wald Sie zu einem Konzert der besonderen Art ein: Verweilen Sie am Waldrand, vor hohem Gebüsch und auf Lichtungen; lauschen Sie den unzähligen Vogelstimmen. Wenn Sie nun die Augen schließen, meinen Sie im tropischen Regenwald zu stehen. Erkennen Sie vielleicht sogar eine oder gar zwei Vogelarten in dem vielstimmigen Chor?

Manche Vogelstimmen erinnern an Sätze:
→ Kohlmeise „sitz i da, sitz i da"
→ Grünfink „det det det is schwäääär"
→ Waldkauz „komm mit, komm mit"
→ Türkentaube „du Kuh du"
→ Buchfinken haben lokal verschiedene Strophen „bin, bin, bin ich nicht ein schöner Bräutigam?" oder „sag, sag, sag, hast du meine Frau gesehen?"

Was für uns ein Wohlklang für Ohr und Gemüt ist, ist für die Vögel überlebenswichtig. In der Brutzeit besetzen sie rund um ihr Nest ein Brutrevier, um genügend Nahrung für sich und die Jungen finden zu können. Mit ihrem Gesang setzen die Männchen für die Nebenbuhler akustische Zäune um das Revier und locken gleichzeitig Weibchen an. Multitasking sozusagen.

Förster-Tipp
Gehen Sie ab den ersten sonnigen Februar- und Märztagen täglich auf denselben Wegen. Dann erleben Sie mit, wie das Vogelstimmenkonzert immer vielstimmiger wird. Nach und nach kehren die Zugvögel aus ihren Winterquartieren zu uns zurück und stimmen mit ihrem Gesang ein.

Singend präsentiert sich ein Buchfink-Männchen – unser häufigster Brutvogel.

FRÜHLING

TIPP 11 Wer trommelt denn da?

Raten Sie mal: Wie viele Spechtarten kommen in unseren Wäldern vor? Da ist der allseits bekannte Buntspecht, der laut „glü-glü-glück" rufende Grünspecht, der krähengroße Schwarzspecht ... Das wären drei. Oder war da noch jemand? Na klar, neun sind es. Neben den drei genannten gibt es noch die wenig scheuen Grau- und Mittelspechte, den seltenen Weißrückenspecht, den nur kleibergroßen Kleinspecht sowie den in Nadelwäldern lebenden Dreizehenspecht. Alle trommeln im Frühjahr, alle bauen Höhlen in Baumstämme, alle fressen Insekten und Spinnen. Nur der rindenfarbige Wendehals, der neunte im Bunde, macht es anders als seine Kollegen: Er trommelt nicht, er baut keine Höhle, frisst aber wenigstens auch Insekten und Spinnen.

Steckbrief Buntspecht
Der häufigste Specht Europas. Schwarz-weiß-rot, nur Männchen mit rotem Fleck am Hinterkopf. Trommelt sehr schnell, ruft warnend „kix". Frisst im Holz lebende Insekten, Vogeleier und Jungvögel, im Winter Fichten- und Kiefernsamen.

● **Auf Specht-Tour**
Halten Sie Ausschau nach abgestorbenen Stämmen oder morschen Stammteilen von Weiden, Pappeln, Birken, Buchen und Eichen. Dort finden Sie mit etwas Glück die Öffnungen der Baumhöhlen. Dann legen Sie sich auf die Lauer und warten ab, wer denn ein und aus fliegt. Vogelführer ausgepackt und nachgeschaut – schon können Sie den ersten der neun Spechte von Ihrer Sichtungsliste abhaken.

Förster-Tipp
Im späten Frühjahr hören Sie die Spechtjungen schon von Weitem, wenn sie ununterbrochen in ihrer Höhle sitzend in höchsten Tönen rufen. Vermutlich sind dann auch die Bäume froh, wenn die Brutzeit vorbei ist und Ruhe einkehrt.

FRÜHLING

Die Kleiber-Kür: ...

Förster-Tipp: Vögel können hervorragend Farben sehen. Wenn Sie grelle Gelb- oder Orangetöne tragen, werden Sie schon von Weitem erkannt. Darum wählen auch Sie draußen besser unauffällige Farben wie Grün oder Braun für Ihre Kleidung.

TIPP 12 — Kopfüber am Stamm

Hinauf kommen etliche, kopfvoran runter nur einer: der Kleiber. Der spatzengroße Vogel mit der schwarzen Augenbinde ist der Meister der Baumstämme, der neben der Pflicht (hoch), auch die Kür beherrscht (runter). Spechte klettern und Baumläufer huschen wie Mäuse nur hoch; oben angekommen fliegen sie zum Fuß des nächsten Stammes. Was die Vögel dort wohl suchen? Futter. In den Ritzen und Spalten der Rinde und im Holz verstecken sich viele Spinnen, Insekten und deren Larven. Weil es dort viel zu fressen gibt, haben sich einige Vögel an diesen senkrechten Lebensraum angepasst. Die klopfenden Geräusche der Schnäbel auf Rinde und Holz können Sie auch hören: im stillen Wald und wenn Sie das Ohr an den Baumstamm legen.

TIPP 13 — Gefiederte Vogelräuber

Hohes, aufgeregtes Ziepen ist der in der Vogelwelt gültige Alarmruf für sich nähernde Flugobjekte. Hören Sie diesen Warnruf von Singvögeln, so sperren Sie die Augen auf: Vielleicht haben Sie ja Glück und ein Sperber schießt im rasanten Flug herbei (vielleicht war es aber auch nur ein Kuckuck oder eine Türkentaube mit täuschend ähnlicher Flugsilhouette). Dieser kleinste Greifvogel unserer Wälder ist ein gefährlicher Singvogeljäger, der seine Beute mit einer Vielfalt an Jagdstrategien überrascht. Jetzt im Frühjahr herrscht strikte Arbeitsteilung bei Familie Sperber: Das kleinere Männchen jagt, das größere Weibchen brütet und bewacht die schneeweißen Küken.
Deutlich größer ist der Habicht, der noch verborgener lebt und gemäß seiner Größe taubengroße Beutetiere jagt.

FRÜHLING

Tipp 14 — Was ist eine Rupfung?

Denken Sie bei diesem Begriff an das Rupfen eines Hähnchens vor der Zubereitung, so liegen Sie goldrichtig. Die „Hähnchen" der Sperber sind allerdings kleine Singvögel. Auf dem Rupfungsplatz, wo dieser Greifvogel im Frühjahr seine Beute dem Weibchen übergibt, finden Sie häufig die ungenießbaren Reste der erbeuteten Vögel. Das sind Federn, Beine, Schnäbel, Innereien und abgebissene Flügel, die meist erhöht auf einem Baumstumpf oder Holzstapel liegen.

Das war einmal ein Buntspecht ...

Den Biologen freut solch ein Fund: Zum einen muss ein Sperber in der Nähe brüten, zum anderen bekommt er so Einblick in dessen Tagesmenü. Gleichermaßen arrangierte Reste von einer Taube oder Drossel stammen vom Habicht, der ebenso wenig wie der Sperber seinen Speiseplatz nach dem Mahl aufräumt.

Steckbrief Sperber

Schneller, wendiger Kleinvogeljäger. Männchen taubengroß, Weibchen viel größer. Brütet meist in Beständen aus Fichten, Lärchen, Douglasien. 4–6 Eier, Brutdauer 37–40 Tage, Nestlingsdauer 25–30 Tage, nach weiteren 25–30 Tagen löst sich die Familie auf.

FRÜHLING

Tipp 15 — Nistkasten-Kunde

Nicht nur in den Städten, auch im Wald herrscht akuter Wohnungsmangel. Eine Strategie wäre: Mehr Spechte braucht das Land. Denn für deren Baumhöhlen gibt es eine lange Liste an Nachmietern: Käuze, Meisen, Kleiber, Fledermäuse, Baummarder, Siebenschläfer, Hornissen, Wildbienen und viele mehr.

Die zweite Strategie setzt die heutige Waldwirtschaft um: Biotopbäume – das sind ganz alte Bäume – sowie Totholz, gehören zu einem modernen Wald, denn beide bieten massenhaft Lebensräume für jede Menge Waldtiere. In Stangenforsten oder stadtnahen Waldstreifen schließlich verfolgen Förster eine dritte Wohnungsförderungsmaßnahme: Sie hängen braungraue Nistkästen auf, kleine für Meisen und Kleiber, deutlich größere für Waldkäuze, flache für Baumläufer und Fledermäuse.

Übrigens: In den flachen, dunklen Kästen mit vielen waagerechten Schlitzen wohnen keine Tiere. Diese Pheromonfallen locken mit Duftstoffen männliche Borkenkäfer an. So kann der Förster kontrollieren, wie viele dieser Schädlinge in dem jeweiligen Waldstück leben, und rechtzeitig Bekämpfungsmaßnahmen ergreifen.

Abenteuer-Tipp

Verweilen Sie nun im Frühjahr längere Zeit in der Nähe eines Nistkastens. Sie hören und sehen deren Bewohner – und erfahren so, wer denn so alles am Wegesrand haust. Vielleicht mögen Sie auch eine Nistkastenaktion starten wie in Göttingen und Heidelberg (www.nistkasten-rekord.de).

FRÜHLING

Fressen und gefressen werden

TIPP 16 Raupen, Maden, Engerlinge und all die anderen Larven der Insekten sind wahre Fressmaschinen. Sie müssen Blätter futtern, was das Zeug hält, damit das erwachsene Insekt auch die arttypische Größe erreicht. Blattläuse und andere Pflanzensauger zapfen sich die süßen Pflanzensäfte wie ein frisches Bier vom Fass. Des einen Freud, des andern Leid: Bäume, Sträucher und Blumen würden bei diesen Fressorgien gnadenlos untergehen, gäbe es nicht die unzähligen Insektenfresser im Wald. Meisen, Kleiber, Spechte, Laubsänger, Grasmücken und all die anderen halten die Insekten in Schach. So verfüttert ein einziges Meisenpärchen jedes Jahr bis zu 30 kg Insekten an seine Jungen, auch Blattläuse. Fledermäuse gesellen sich zu den Nützlingen: Jedes Tier vertilgt im Verlauf eines Sommers bis zu ein Kilogramm Insekten, darunter die lästigen Stechmücken.

15 Minuten als Meise

TIPP 17 Um die herausragende Leistung eines Meisenpärchens zu würdigen, machen Sie doch einmal dieses Spiel: Sammeln Sie 15 Minuten lang Blattläuse, Raupen und andere Insekten – natürlich ohne die Tiere zu verletzen – und wiegen Sie dann Ihre Ausbeute. Wie viel Gramm haben Sie erbeutet? Rechnen Sie hoch, wie lange Sie sammeln müssten, um 30 kg Insekten (siehe Tipp 16) zu bekommen? Sehen Sie die kleinen Piepmätze nun mit anderen Augen? Die gesammelten Insekten werden unversehrt wieder freigesetzt. Das Spiel funktioniert auch mit kleinen Bindfäden.

Dem Kohlmeisen-Männchen sei ein Päuschen gegönnt!

FRÜHLING

Der erste Fund ist gemacht: eine Schnecke!

TIPP 18 Suchspiel „Augen auf"

Dieses spannende Spiel können Sie mit der ganzen Familie, mit Freunden und Bekannten und sogar auf einem Kindergeburtstag spielen. Gemeinsam erstellen Sie eine Suchliste. Dann muss jeder alle Gegenstände auf der Suchliste in einem vorher vereinbarten Zeitraum finden. Wenn die Zeit rum ist, treffen sich alle und zeigen ihre Funde. Dabei können Sie sich auch kleine Geschichten zu den Funden erzählen.

- Das könnte zum Beispiel auf einer Suchliste stehen ...
→ eine Feder
→ ein junges Eichenblatt
→ ein Dorn oder Stachel
→ genau zehn Exemplare eines Gegenstandes
→ etwas Kugelrundes
→ etwas Rotes, Gelbes und Blaues
→ etwas, das Wärme speichert (z. B. Stein)
→ etwas, das Geräusche macht
→ etwas, das Sie an Sie selbst erinnert

FRÜHLING 23

TIPP 19 Im Schneckentempo

Für die heimischen Tiere sind wir Menschen extrem laute Raser. Schon beim Spazierengehen legen wir ein Tempo vor, das im wahrsten Sinne atemberaubend ist. Walkend, joggend oder gar radelnd müssen wir aus Tiersicht immerzu auf der Flucht sein, vor was wohl?

Tiere – Pflanzen sowieso – bewegen sich im Normalfall langsam, ruhig und bedächtig. Genau so sollten auch Sie einmal im Wald unterwegs sein (am besten in gedeckter Kleidung): Zählen Sie vor jedem Schritt in Gedanken bis drei, erst dann setzen Sie den nächsten Fuß vor. Ein Schritt, wieder bis drei zählen, der nächste Schritt usw. Dazu wird nichts gesprochen – und wenn Sie zu zweit oder vielen sind, laufen Sie wie eine Raupe in einer Reihe hintereinander. So verschmelzen Sie mit der Natur und werden Teil des Waldes: Und nun lassen Sie sich überraschen, was Sie alles rechts und links vom Wegesrand entdecken.

Am Anfang ist das Gehen im Schneckentempo vielleicht merkwürdig, aber mit jedem Schritt wird es vertrauter. Behalten Sie diesen Gang mindestens zehn Minuten bei, besser noch länger – Sie wissen ja, Tiere sind meist bedächtig.

Schnirkelschnecke schnirkelt im Schneckentempo.

FRÜHLING

Was raschelt denn da?

TIPP 20

Auch mit leisen Tönen kündigt sich der Frühling an: Endlich raschelt es wieder rechts und links im Gebüsch. Um diese Jahreszeit sind es meist Mäuse – echte und unechte. Die kurzschwänzige Rötelmaus etwa ist eine echte Maus mit echten Mäusenagezähnen. Sie zu entdecken ist einfach, denn sie ist auch bei Tag unterwegs.

Anders die langschwänzige Waldmaus. Um sie zu beobachten, müssen Sie nachts raus in den Wald. Das lohnt sich, denn Waldmäuse sind wahre Helden: Bei ihrer Körpergröße können sie über 70 cm weit springen (ein Mensch müsste im Vergleich 10 m weit springen), mit Leichtigkeit auf Bäume und Sträucher klettern – und die aufgehängten Nistkästen besetzen sie auch. Haselmäuse (unechte Mäuse, mit Siebenschläfer verwandt) erwachen im April aus dem Winterschlaf. Auch sie sind im Geäst unterwegs. Damit sie auch in der Nacht wieder nach Hause finden, pieseln sie über ihre Hände und Füße und setzen so wie Hänsel und Gretel Wegmarken.

Spitzmäuse rascheln auch, ebenfalls keine echten Mäuse, wie die spitzen Insektenfresserzähnchen beim Blick ins Maul verraten, ebenso Singdrosseln oder Amseln auf Nahrungssuche. Nun: Welchen von diesen Kandidaten haben Sie aufgespürt?

Waldmaus

Förster-Tipp

Ist die Nahrung knapp, gibt es sehr wenige Mäuse. Wenn es viel zu fressen gibt, vermehren sie sich stark. Das kommt den Tieren zugute, die sich hauptsächlich von Mäusen ernähren wie Mäusebussard, Eulen, Rotfuchs und Schlangen.

FRÜHLING 25

Was für ein Baukunstwerk! Bitte nur staunen.

Ausflugs-Tipp

Das können Sie nun beobachten: Sich auf dem Nest sonnende Ameisen (bringen so Wärme in den Bau), ab Mai Hochzeitsflug der geflügelten Königinnen.

TIPP 21 Rekordmeister: Waldameisen

Waldameisen sind wichtige Mitglieder der Lebensgemeinschaft Wald: Sie vertilgen zahlreiche Schadinsekten, verbreiten Pflanzensamen, geben anderen Tierarten Wohnraum in ihren Nestern, erneuern den Boden und sind wichtige Nahrung für verschiedene Waldtiere.
Diese Rekorde und noch viele mehr halten die Waldameisen:

→ sind eine der größten heimischen Ameisen;
→ haben Staaten (Netzwerke aus mehreren Nestern) mit bis zu 1.000 Königinnen und über einer Million Tieren;
→ leben in bis zu 1,5 m hohen und ebenso tief in die Erde reichenden Nestern;

→ verzehren täglich bis zu 100.000 Beutetiere (wohlgemerkt EIN Volk);
→ können das 40-fache ihres Körpergewichts tragen;
→ gewinnen bis zu 200 Liter Honigtau durch Läusemelken (wiederum EIN Volk);
→ sind Lüftungsgenies, die rund ums Jahr gleichmäßige Temperaturen im Bau schaffen.

Und dabei wiegen eine Million Tiere gerade sieben Kilogramm! Gründe genug, einmal die Waldameisen kennenzulernen. Das geht einfach, denn sie leben fast überall in unseren Wäldern und sind von Frühling bis Herbst aktiv.

FRÜHLING

Ameisen-Räuber

TIPP 22

Der Grünspecht ist geradezu scharf auf Ameisen. Ohne Scheu vor den ätzenden Ameisengiften hackt er die ober- und unterirdischen Baue auf. Dann fährt er die zehn Zentimeter lange Zunge aus und klaubt Ameisen aus den Gängen. Im Winter gräbt der Grünspecht sogar Löcher in den Schnee, um an seine Leibspeise zu gelangen.
Auch Dachse fallen über Ameisenbaue her – die Spuren, die sie beim Plündern hinterlassen, sind aber wegen ihrer größeren Pranken deutlich massiver. Menschen hingegen lassen die Ameisenhügel unbedingt in Ruhe!

Ein scharfer Blick genügt: Dort ist ein Ameisennest!

Ziel: Waldwasser

TIPP 23

Im zeitigen Frühjahr kriechen überall die Grasfrösche und Erdkröten aus ihren frostsicheren Winterverstecken und machen sich auf den Weg zu dem Gewässer, in dem sie einst aus dem Ei geschlüpft sind. Diese faszinierende Tierwanderung findet völlig unauffällig bei Dunkelheit am Waldboden statt. Wegen akutem Weibchenmangel schnappen sich clevere Männchen schon auf der Wanderung ein Weibchen und legen den Rest des bis zu einen Kilometer langen Weges schön bequem auf dem Rücken von Madame zurück.

Abenteuer-Tipp
Wenn Sie Leben retten wollen, schließen Sie sich einem örtlichen Naturschutzverein an und tragen Sie die Tiere über gefährliche Straßen.

FRÜHLING 27

Im Gewässer wird sich dann gepaart, was das Zeug hält – doch kaum sind die Eier gelegt, verschwinden Kröten und Grasfrösche schon wieder in den Weiten des Waldes. Nun entwickelt sich das neue Leben in den durchsichtigen Eihüllen, sofern es nicht gefressen wird: Lurcheier sind nämlich bei vielen Tieren beliebt – bei Molchen, Schlammschnecken, Pferdeegeln etwa.

Finden Sie noch mehr Eiräuber im Wasser?
Laich lässt sich leicht bestimmen: Laichballen mit bis zu 4.000 Eiern, die auf der Wasseroberfläche treiben, stammen vom Grasfrosch, Laichschnüre mit bis zu 5.000 Eiern von der Erdkröte.
Achtung: Der Laich aller Arten ist streng geschützt – also nur beobachten!

Förster-Tipp

Schauen Sie in den wassergefüllten Gräben und Spurrinnen am Wegesrand nach: Auch dort laichen gern Lurche ab, etwa die hübschen Molche oder die nur 5 cm großen Unken.

Alljährlich im Frühjahr ziehen Hunderttausende von Kröten und Fröschen zu den Weihern und Teichen.

Herrlich
SCHATTIG

In der wärmsten Jahreszeit liegt der Wald unterm dichten Blätterdach im Schatten. Dort finden Sie selbst an heißesten Sommertagen immer ein kühles Plätzchen. Tun Sie sich darum etwas Gutes nach dem Motto: Ab in den Wald. Mitten im Waldjahr wimmelt es nur so von kleinen Tieren – Schmetterlinge (siehe Tipp 48) auf den Blüten, Spinnen und Käfer am Boden (siehe Tipp 46) zeigen dies überdeutlich. Eher versteckt halten sich tagsüber die Vögel, deren Gesang nun nach und nach verstummt (siehe Tipp 42). Jetzt ist auch die beste Zeit für nächtliche Erkundungstouren.

SOMMER

TIPP 24 — Kein Wald ohne Bäume

Bäume sind das A und O des Waldes. Sie machen den Wald zu einem Raum, der weit in die Höhe reicht: Die Kronen der Bäume bilden die Decke dieses Raums, die von den Stämmen getragen wird. Kein Waldraum gleicht dem anderen. Je nach Höhenlage (Berge oder Flachland), Wassergehalt (feucht oder trocken), Boden (nährstoffreich oder nicht) und Ausgangsgestein (z. B. Kalkstein oder Sandstein) wachsen bei uns verschiedene Baumarten, die folglich auch verschiedene Waldtypen bilden: Sie ahnen es schon – Wald ist nicht gleich Wald. Das können, nein, das müssen Sie erkunden: den herben Bergwald, den stattlichen Eichenwald, den belebten Auwald links und rechts der Flüsse, den klar strukturierten Buchenwald und natürlich den Wald, der direkt vor Ihrer Haustür liegt.

TIPP 25 — Die häufigsten Waldbäume

Hätten Sie gedacht, dass die Fichte bei uns der häufigste Waldbaum ist? Und dass die Wald-Kiefer auf Platz 2 folgt? In Bayern etwa ist fast jeder zweite Waldbaum eine Fichte und jeder vierte eine Kiefer. Die Rot-Buche hingegen ist in unseren heimischen Wäldern der häufigste Laubbaum. Bekannter ist die Eiche, die in vielen Gedichten, Märchen und Sagen vorkommt.

● **Fichte**
TYPISCH vierkantige, spitze Nadeln, hängende Zapfen, wird bis zu 45 m hoch.
GUT ZU WISSEN wächst schnell, Holz sehr harzreich. Ist als größter Holzlieferant der „Brotbaum der Forstwirte".

● **Wald-Kiefer, Föhre**
TYPISCH blaugrüne, lange Nadeln in Zweierbündeln, eiförmige Zapfen, wird bis zu 40 m hoch.
GUT ZU WISSEN sehr harzreiches Holz, mit brennenden „Kienspänen" wurden früher Burgen und Häuser beleuchtet. Liefert schönes Holz für Möbel, Fenster, Türen und Innenausbau.

SOMMER

Ein wenig Blätterkunde

TIPP 26 So viele und noch viele andere unterschiedliche Blätter gibt es in unseren Wäldern! Nun heißt es für Sie: Von jedem Baum ein Blatt sammeln, Bestimmungsbuch aufschlagen und herausfinden, wie der Baum heißt. Und dann gestalten Sie mit den Blättern Karten oder einen Bastelkalender für Ihre Freunde; auch sie sollen in den Genuss unserer heimischen Vielfalt kommen.

● **Rot-Buche**

TYPISCH Glatter, silbriggrauer Stamm, ovale Blätter, im Herbst dreieckige Bucheckern in stacheliger Hülle, wird bis zu 45 m hoch.

GUT ZU WISSEN Liefert hartes Holz für Möbel, Treppen und Eisenbahnschwellen.

Ausflugs-Tipp Am eindrücklichsten erleben Sie den dreidimensionalen Raum Wald in einem alten Buchenwald, in dem es so gut wie kein Gestrüpp gibt. Dort wandeln Sie zwischen Säulenstämmen und hoher Kronendecke wie in einer Kathedrale.

32 SOMMER

TIPP 27

Die Tiere einer Eiche

Haben Sie gewusst, dass eine einzige stattliche Eiche im Lauf ihres Lebens von bis zu 2.000 verschiedenen Tierarten besucht wird? Ihnen dient die Eiche als Versteck, als Nahrung oder als Brutplatz.

Nächste Frage: Kennen Sie zehn Tiere, die auf einer Eiche leben? Mit Tieren, die die „Eiche" in ihrem Namen tragen, liegen Sie schon mal richtig. Das wären zum Beispiel Eichhörnchen und Eichelhäher als die wohl bekanntesten „Eichen"-Tiere. Dann wären da noch Eichenwickler, Eichenblattwickler, Eichenspinner, Eicheneule, Eichenzipfelfalter, Eichenprozessionsspinner, Eichenfrostspanner (allesamt Falter), Eichenprachtkäfer, Eichelbohrer, Eichenbock, Eichenblattroller, Eichenwidderbock, Eichenbuntkäfer (alles Käfer), Eichengallwespe, Eichenblattlaus, Eichenschrecke und viele weitere Insekten. Erahnen Sie schon die Tiervielfalt einer Eiche?

Hinzu kommen Baummarder, Waldkauz, Buntspecht, Kleiber, Waldbaum-

Förster-Tipp

Haben allzu viele Kostgänger an den Eichenblättern geknabbert, treibt die Eiche Ende Juni neue Blätter aus. „Johannistriebe" heißen sie dem Zeitpunkt entsprechend.

läufer, Kohlmeise, Hohltaube, Rote Waldameise, Hornisse, Maus, Fledermaus und, und, und.

Selbst, wenn die Eiche tot ist, bricht der Besucherstrom nicht ab: Dann fressen Heerscharen von kleinen Tieren, Pilzen und Bakterien die hölzernen Reste auf, darunter die Larven des Hirschkäfers. Nun sind Sie wieder dran: Welche tierischen Bewohner haben Sie schon auf einer Eiche entdeckt?

Die feinen Haare der Prozessionsspinnerraupen haben es in sich: Sie können beim Menschen nach Kontakt heftige Reaktionen auslösen.

SOMMER

TIPP 28 — Einmal Eiche sein

Auf einer Eiche geht es zu wie auf einem Bahnhof. Raupen nagen an den grünen Blättern, ein Eichenbockkäfer kitzelt die Rinde mit seinen sechs Füßen, ein Kleiber sucht die Rinde nach Insekten ab, ein Buntspecht hackt seine Baumhöhle in den Stamm, ein Eichhörnchen ruht in seinem Kobel, ein Baummarder geht nachts im Geäst auf Jagd. Ein Waldkauz sonnt sich auf einem Ast, Kohlmeisen und andere Singvögel versuchen ihn lärmend zu vertreiben. Am Fuß des Stammes hat sich eine Mäusefamilie ein Nest gebaut. So oder so ähnlich sieht ein Tag im Leben einer Eiche aus.

Das können Sie spielerisch hautnah erleben: Schlüpfen Sie dazu in die Rollen von Wurzel, Stamm und Krone der Eiche sowie in die der Tierbesucher. Am Ende ihres kleinen Rollenspiels tobt ein Gewitter und ein Blitz fährt in den höchsten Ast.

Mehr oder weniger genauso geht es auf jedem anderen heimischen Baum zu. Mehr Ruhe haben „exotische" Gehölze, die ja meist ohne die tierischen Bewohner ihrer Heimat bei uns eingeführt wurden.

Steckbrief Stiel-Eiche

Der wohl bekannteste Baum Deutschlands. Treibt als einer der letzten im Frühjahr aus. 20–40 m hoch, bis zu 6 m dicke Stämme, wird 1.000 und mehr Jahre alt. Blüht im Alter von 60–80 Jahren zum ersten Mal. Unscheinbare Blüten April–Mai, Eicheln im Herbst. Frisches Holz riecht säuerlich, knorriger Wuchs, gelappte Blätter.

SOMMER

Baum-Exoten aus Übersee

TIPP 29

Ja, auch die gibt es in unserem mitteleuropäischen Wald – Bäume mit Migrationshintergrund. Die Douglasie ist so ein Kandidat, eingeführt als hervorragender Holzlieferant. In ihrer nordamerikanischen Heimat gehört sie neben den Mammutbäumen zu den größten Bäumen, die locker 100 und mehr Meter erreichen. Und tatsächlich ist auch der höchste Baum Deutschlands eine Douglasie: Der 63,5 m hohe Baum steht im Stadtwald von Freiburg und hört auf den Namen „Waldtraut vom Mühlwald". Er überragt die höchs-

Die Douglasie erkennen Sie an den typischen Zapfen mit den dreispitzigen Schuppen.

Blätter-Detektiv spielen

TIPP 30

Bestünde der Wald nur aus Eichen, Buchen, Fichten und Kiefern, wäre es dort ziemlich eintönig. Ein Blick in die Baumkronen verrät Ihnen aber sofort, dass da noch andere Bäume stehen. Nur welche?

Werden Sie zum Blätter-Detektiv, Kappe auf, die Lupe zur Hand – und los geht's:

Handförmig gelappte Blätter? Das kann nur ein Ahorn sein; klein die Blätter vom Feld-Ahorn, mit sehr spitzen „Fingern" die vom Spitz-Ahorn und ohne scharfe Spitzen die vom Berg-Ahorn. Die bekannten Flügelnüsse bestätigen den Fahndungserfolg.

Nächster Baum: Blätter wie schiefe Herzen, unten haarig – die Sache ist klar: eine Linde.

Nun wird's schon schwieriger: Der nächste Baumkandidat hat gefiederte Blätter. Grübel, grübel. Einen weiterführenden Hinweis bekommen Sie, wenn Sie junge Blätter zwischen den Fingern zerreiben: Marzipanduft? Dann ist es eine Eberesche, wegen der Früchte auch Vogelbeere genannt. Vielleicht hängen diese ja auch schon im Baum. Ohne Marzipanduft bedarf es eines Blickes mit der Lupe auf die Äste: Entdecken Sie schwarze Knospen (ja, die sind Ende Juli schon da!), ist es eine

SOMMER 35

ten heimischen Bäume (Weiß-Tanne) schon heute um satte 10 m, noch mehr ist in Aussicht.

Weitere eingebürgerte Kandidaten:
→ Nordmanns-Tanne: auch ein gewaltiger Nadelbaum aus dem Kaukasus, der bis zu 60 m hoch wird; liefert harzfreies Holz für Papier
→ Rot-Eiche: aus dem östlichen Nordamerika stammend; die Enttäuschung für Pilzfreunde, denn unter ihm wachsen keine leckeren Pilze wie unter der heimischen Stiel-Eiche

Ausflugs-Tipp Besuchen Sie „Waldtraut" und andere riesige Douglasien am Illenberg bei Freiburg-Günterstal. Etwas über eine Stunde laufen und ein paar Höhenmeter hoch – schon stehen sie vor der imposanten fast 100-jährigen „Dame" (mehr Infos: www.frsw.de/littenweiler/arboretum.htm).

Die Blätter der Rot-Eiche erkennen Sie an den eckigen, spitzen Lappen.

So sehen die handförmigen Blätter des Berg-Ahorns aus.

Gemeine Esche. (Der Vorname darf Sie nicht irritieren – dieser Baum ist nicht hinterhältig, sondern einfach „gewöhnlich".)

Ausflugs-Tipp An den Ufern von Bächen und Flüssen wachsen Bäume, deren Wurzeln es wenig ausmacht, wenn sie die meiste Zeit im Wasser stehen. Das sind z. B. Schwarz-Erle, Schwarz-Pappel und Grau-Weide.

SOMMER

TIPP 31 · Auf die Bäume!

Einmal in einen Baum klettern wie die Profis – wer träumt nicht davon? Probieren Sie's zunächst mal mit einem stabilen, schulterhohen Ast. Ein bisschen Schwung genommen – und schon sind Sie oben. Lockt Sie nun noch mehr Höhe, dann wenden Sie sich an eine Baumkletterschule. Dort lernen Sie professionell, wie Sie sicher den Baum hinauf- und (ganz wichtig!) auch wieder hinunterkommen, Schwindelfreiheit und gute gesundheitliche Kondition vorausgesetzt. Manchmal können Sie bei professionellen Baumkletterern auch dank frei im Lot hängender Seilsysteme allein und aus eigener Kraft in eine Baumkrone aufsteigen. Ganz neue Erfahrungen sind dort oben möglich, so Auge in Auge mit einem Baum und viele Meter über dem Erdboden: Die eigene Grenze wird spürbar, das Wesentliche im Leben wird sichtbar.

Mögen Sie's lieber etwas gemütlicher, so gibt es bundesweit verschiedene Baumhaus-Hotels, die von einfachen Plattformen bis zu ziemlich komfortablen Blockhütten in zehn und mehr Metern Höhe reichen.

Abenteuer-Tipp

Nervenkitzel pur beim Baumkletter-Wettbewerb: So schnell wie möglich mit verschiedenen Techniken in die Baumkrone hinauf und verschiedene Stationen in einem Baum erklettern, das sind die Disziplinen.

SOMMER

TIPP 32 Urige Urwälder

Verwunschen und geheimnisvoll – so waren einst die Wälder bei uns. Reste solcher Urwälder finden Sie tatsächlich noch heute bei uns. Im Nationalpark Kellerwald-Edersee beispielsweise können Sie sich in die herrschaftlichen Buchenwälder zurückversetzen, die die Römer bei ihren Vorstößen nach Germanien antrafen. So wie dort sahen damals drei Viertel von Deutschland aus! Und in den Nationalparks von Hainich oder Harz scheinen noch Hexen, Feen und Waldgeister lebendig zu sein. Worauf warten Sie noch? Starten Sie auf eine beeindruckende Reise in die deutsche Waldvergangenheit!

Förster-Tipp
Im dicht besiedelten Deutschland gibt es Gebiete, in denen der Wald Urwald bleiben darf: Möchten Sie eine Ahnung bekommen, wie ein heimischer Urwald aussehen könnte, dann besuchen Sie die 14 Nationalparks und 15 Biosphärenreservate. Dort wird das Naturerbe erhalten.

Ausflugs-Tipp
Erkundigen Sie sich nach einem Baumwipfelpfad in Ihrer Nähe: Auf stabilen Brücken und wackeligen Hängebrücken bewegen Sie sich auf derselben Höhe wie Baummarder, Eichhörnchen und Co. Ein weiteres Special: der 44 m hohe Weiß-Tannenturm in Kehl. Oben angelangt meinen Sie, in einem ebenso hohen Baum zu sitzen, einschließlich schwindelerregendem Schwanken.

SOMMER

TIPP 33 Schatten ...

Was fällt Ihnen ein, wenn Sie an einen Sommerwald denken? Sicherlich das eine: viel Schatten. Im dichten Blätterdach bleibt fast das ganze einstrahlende Sonnenlicht hängen (oder wird zurückgestrahlt) – lichttechnisch gesehen herrscht am Waldboden selbst an einem strahlend blauen Sommertag Winter. Und so gedeihen dort im Dämmerlicht die Schattenspezialisten. Farne, Moose, Schachtelhalme und Pilze gehören dazu, auch zahlreiche Blumen. Sie würden an einem hellen Platz eingehen.

Trotz der lichtarmen Verhältnisse führen die Pflanzen am Waldboden kein Schattendasein. Im Gegenteil, unter ihnen gibt es strahlende Gestalten:

→ Das Springkraut etwa mit den gelben Blüten, die wie eine Schaukel am dünnen Blütenstiel hängen; aus den Blüten entwickeln sich die namengebenden Kapseln, die bei Reife schussbereit auf die kleinste Berührung warten.

→ Die Schönheit der Goldnessel-Blüten entdecken Sie mit der Lupe. Wie ein kleiner Stern umschließt der Kelch die goldgelbe Blumenkrone und für die bestäubenden Insekten gibt es sogar ein Dach.

→ Auch die verschiedenen Storchschnabelarten sollten Sie genauer anschauen: Wenn die Blütenblätter abgefallen sind, entwickelt sich daraus eine Frucht mit storchenähnlichem Kopf und Schnabel. Auch diese Früchte schießen bei Reife scharf!

→ Halten Sie auch Ausschau nach der hübschen Schattenblume, die an ein Maiglöckchen erinnert.

Förster-Tipp

Moose wachsen gern auf feuchten Stellen. Das sind bei uns z. B. die nach Nordwesten gerichteten Seiten der Baumstämme, denn von dort kommt meist der Regen.

SOMMER 39

Kein Landeplatz in Sicht: Zum Nektarsaugen an der Türkenbund-Lilie müssen Nachtfalter in der Luft stehen bleiben.

Steckbrief Türkenbund-Lilie
Wird bis zu 1 m hoch. Blüht im Juni und Juli. Große, hellpurpurfarbene, turbanähnliche, nickende Blüten. Knospen werden gern von Rehen gefressen.

TIPP 34 ... und Licht

Das gibt es auch im Wald, jede Menge Licht, auf Lichtungen zum Beispiel, am Rand mancher Waldwege oder am Waldsaum. Dort gedeihen die Sonnenkinder unter den Waldblumen. Der giftige Fingerhut gehört ebenso dazu wie das Schmalblättrige Weidenröschen oder die Teufelskralle mit ihren teufelkrallenartig gebogenen Blüten.
Einen Hauch schattiger liebt es die wohl schönste Blume des Waldes: die Türkenbund-Lilie. Die Blattquirle sind schon sehenswert, die Blüten ein Genuss: Als ob Ali Baba Tausendundeiner Nacht entsprungen sei und seine typischen, namengebenden Hosen dieser Zwiebelblume geschenkt hätte. Abends und nachts verströmen die Blüten einen schweren, süßlichen Duft (riechen so orientalische Hosen?), bei dem Schwärmer (nicht was Sie denken, sondern Nachtfalter) und Taubenschwänzchen schwach werden.

40 SOMMER

Förster-Tipp: Wählen Sie zum Picknicken einen bestehenden Grill- oder Picknickplatz. Die Waldtiere wissen, dass dort immer wieder Menschen sind und können sich in geschützte Gebüsche zurückziehen.

TIPP 35 Abenteuertag im Wald

Sommer, Sonne, Sonnenschein – beste Voraussetzungen für einen herrlichen Tag im Wald. Den Picknickkorb packen, dazu Taschenmesser, Zettel, Stifte, eventuell ein paar Farben, und ab in den Wald. Nun beginnen die Abenteuer!

● **Abenteuer 1: Naturrallye**
Einen Waldweg entlang laufend denken Sie sich verschiedene Aufgaben aus, die Sie jeweils auf einen Zettel schreiben: Wie heißt die Frucht an diesem Strauch? Welcher Vogel warnt durch seine lauten Rufe die anderen Waldbewohner? Nimm zehn verschiedene Blätter mit! Auf diesem Baumstamm entlanglaufen! Die Zettel belassen Sie an den Orten, wo die Aufgaben zu lösen sind. Wegweiser nicht vergessen! Nun sind die anderen dran und lösen nach und nach die Aufgaben. Lust auf mehr? Dann starten Sie die nächste Rallye.

● **Abenteuer 2: Schnitzeljagd**
Weniger aufwendig, macht aber genauso viel Spaß: die Schnitzeljagd. Mit Steinen, Zapfen, Stöcken wird eine Wegstrecke markiert, die von den anderen gefunden werden muss. Irrwege und Hindernisse einbauen – und am Ende wartet eine Überraschung, etwa ein Korb voller Früchte.

● **Abenteuer 3: Holzschnitzen**
Das gehört einfach dazu: Mit dem Taschenmesser aus Aststücken allerhand schnitzen. Aus einer y-förmigen Astgabel (und einem Gummiband) wird eine

SOMMER

Schleuder, aus einem langen Ast ein Spazierstock oder Speer, aus einem flachen Holzstück ein Schild für die Zimmertür. Dann kleine Muster in die Rinde ritzen oder die entrindeten Kunststücke mit wasserfester Farbe bemalen. Wichtig: Das Messer muss stets vom Körper weggeführt werden und niemand darf sich im Bereich des Messers aufhalten! Oder mit einem spitzen Stein arbeiten!

● **Abenteuer 4: Bogenschießen**
Ein etwa 1,5–1,8 m langer Eichen- oder Birkenast wird, bespannt mit einer Sehne (Fallschirmleine oder selbstgedreht aus Brennnesselfasern), ein Bogen. Fingerdicke, angespitzte Haselruten werden Pfeile. So ausgerüstet zielen Sie auf ein vorher festgelegtes Ziel, etwa einen Baumstamm. Wichtig: Zielen Sie niemals auf Tiere oder Menschen. Niemand darf sich in der Schussbahn aufhalten!

TIPP 36 Eine Nacht im Wald verbringen

Das Sommer-Highlight, eindeutig! Manchmal bieten örtliche Organisationen eine Nacht im Wald an oder Sie fragen beim zuständigen Förster nach. Im Wald angekommen wird erst einmal ein Lager aus herumliegenden Hölzern, Fichtenzweigen und Laub gebaut. Achtsamkeit und Rücksichtnahme sind dabei allerhöchstes Gebot, schließlich sind Sie ja nur Gast im Wald! Im Schlafsack eingekuschelt (eine Plane ober- und unterhalb schützt vor Feuchtigkeit und Tau), kann die Nacht kommen.

Die häufigste Eule bei uns: der Waldkauz

Herrlich, dann die Morgendämmerung im Sommerwald: Schemenhaft werden die Silhouetten der Bäume und Sträucher sichtbar, bis die Morgensonne ihre Strahlen durchs Geäst schickt. Tief durchatmen, es duftet nach Frische und Reinheit. Kann das Leben schöner sein?

SOMMER

Abenteuer-Tipp

Nachts sind auch die heimlichen Kobolde unterwegs: Fledermäuse finden sich im Dunkeln dank presslufthammerlauten, für uns zum Glück nicht hörbaren Ultraschallrufen zurecht. Mit einem Fledermausdetektor oder bei der NABU Bat-Night können Sie diese Rufe hörbar machen – und erkennen, wer gerade an Ihnen vorbeigeflogen ist.

TIPP 37 — Erlebnis Waldnacht

Weil die Nächte viel zu heiß zum Schlafen sind, machen Sie doch einfach einen nächtlichen Ausflug in den Wald. Wenn es dämmert, werden die Tiere aktiv, die tagsüber geruht haben. Im Wald sind das neben Eulen und Fledermäusen vor allem die zahlreichen Säugetiere: Fuchs und Dachs, Reh und Hirsch, Wildschwein und Baummarder, Waschbär und Siebenschläfer sind nächtliche Gesellen.

Allerlei fremde Geräusche sind zu hören, die Rufe eines Waldkauzes, das Bellen eines Rehbocks, das Rascheln von Mäusen oder einem Dachs. Mit einem MP3-Player oder Handy können Sie die nächtlichen Tierstimmen aufnehmen – zu Hause finden Sie heraus, wer das wohl wahr.

Steckbrief Dachs

Burgherr mit schwarz-weißem Gesicht. Nachtaktiver Einzelgänger, Familientier im Bau. Wird bis zu 90 cm lang und bis zu 20 kg schwer. Allesfresser (mehr Pflanzliches als Tierisches).

SOMMER

Auf Abendpirsch gehen

TIPP 38

Tun Sie's einem Jäger gleich: Früh morgens oder abends (Start: eine Stunde vor Sonnenauf- oder -untergang) geht's auf die Pirsch. Suchen Sie einen geschützten Platz im Gebüsch an einer Lichtung auf – und dann heißt es in aller Stille warten, möglicherweise lange warten. Mit Glück ziehen Wildschweine oder Rehe vorbei, ein Fuchs oder Dachs trollt sich den Weg entlang oder eine Eule gleitet über die Botanik. Und wenn keine Tiere auftauchen, genießen Sie die einmalige Stimmung am Übergang von Tag zu Nacht. Auch Jäger kommen häufiger zum Beobachten der heimischen Tierwelt in den Wald als zum Schießen.

Und später Taschenlampe aus und ganz leise sein: Nun umgibt Sie der dunkle Wald. Lassen Sie sich ein auf eine völlig neue Sinneserfahrung. Sobald Ihre Augen „ausgeschaltet" sind, treten andere Sinne in Aktion – für die „Fernsicht" Ihre Ohren, für die „Nahsicht" Ihre tastenden Hände, für das sichere Umherlaufen Ihr wissender Körper. Sich einzig auf diese Sinne zu verlassen, ist nur blinden Menschen vertraut – Sehenden ist dies fremd. Auch davon rührt die Faszination einer Nacht draußen.

Glühwürmchen-Lichterspiel

TIPP 39

Ein gruseliges Spiel für zwei Gruppen. Die Teilnehmer einer Gruppe haben eine Taschenlampe und verstecken sich einzeln hinter einem Baum, im Gebüsch, in einer Erdmulde. Ab und zu lassen sie wie ein Glühwürmchen die Taschenlampe aufleuchten, sodass sie von den anderen gefunden werden können.

Ausflugs-Tipp

Es gibt bei uns tatsächlich Pilze, die wie Glühwürmchen nachts leuchten. Der Hallimasch gehört dazu, ebenso der Herbe Zwergknäueling. Halten Sie auf Fichten- und Laubholzstümpfen nach diesen leuchtenden Burschen Ausschau.

SOMMER

TIPP 40 Tausendsassa Fuchs

Freund oder Feind – das kann der pfiffige Rotfuchs mit dem dicken Puschelschwanz ganz genau unterscheiden. Die meiste Zeit verbringt er damit, sein Revier genau zu beobachten. Und so weiß er, dass Sie ein harmloser Spaziergänger sind (selbst wenn Sie in grünen Tarnfarben unterwegs sind), der Jäger aber nicht. Und weil Sie so harmlos sind, folgen Sie doch einfach mal seinen Spuren:

→ Erdbau: Eingangsröhre 20–50 cm groß, Lage in leicht hügeligem Waldgelände, lockerer Boden, verstreute Reste von Mahlzeiten, Gestank nach Raubtier
→ Trittsiegel: hundeähnlich, ovaler Pfotenabdruck (ca. 5 cm lang, 4–4,5 cm breit), Hauptballen mit vier Zehenballen, meist vier Krallenabdrücke
→ Trittspur: alle vier Pfoten in einer Linie hintereinander (da der Fuchs meist im Trab läuft), dabei werden die Hinterpfoten exakt in die Abdrücke der Vorderpfoten gesetzt
→ Kot: wurstförmig mit meist gedrehter Spitze (wegen der enthaltenen Mäusehaare), im Sommer rot wegen Himbeeren, im Herbst blau wegen Heidelbeeren (dort, wo es welche gibt); entscheidend: liegt oft auf erhöhtem Platz (Stein, Baumstumpf) als Reviermarkierung
→ Harn: gelbe Spritzer neben der Fuchsspur stammen vom Männchen, Harnspritzer zwischen zwei Pfotenabdrücken vom Weibchen
→ Aktivität: nicht nur nachts unterwegs, macht auch gern an einem sonnenwarmen Platz ein Nickerchen

Steckbrief Rotfuchs
Intelligent, schlau, anpassungsfähig, erfolgreich. Wird bis zu 135 cm lang und bis zu 10 kg schwer. Opportunist: frisst hauptsächlich Mäuse, aber auch alles andere, was er findet (von Käfern und Würmern bis zu Beeren und Eiern). 4–6 Junge, mit 10 Monaten geschlechtsreif.

Förster-Tipp
Frische Erde am Höhleneingang zeigt Ihnen, dass der Fuchsbau bewohnt ist.

SOMMER

Seltene Waldtiere

TIPP 41

Wundert es Sie, dass im dichten Gebüsch unserer Wälder auch seltene Waldtiere Unterschlupf finden? Sicherlich nicht. Diese vier wurden schon gesichtet:

● Wolf

Obwohl Rom, Mowgli und Ihr heißgeliebter Fiffi ihnen ihre Existenz verdanken, haben Wölfe einen schlechten Ruf. Völlig zu UNRECHT: Es sind faszinierende Tiere, von deren Umgang mit Artgenossen wir Menschen viel lernen können, z. B. wie man Konflikte mithilfe von Körpersprache löst. Freuen Sie sich an jedem Wolfsrudel, das in die heimischen Wälder zurückkehrt.

● Luchs

Es gibt sie wieder in den Mittelgebirgen und Alpen: Die größte heimische Katze mit den pfiffigen Pinselohren ist auf leisen Sohlen unterwegs, in der Dämmerung und nachts, wie es sich für eine richtige Katze gehört.

● Wildkatze

Wildfarbenen Hauskatzen ähnlich, aber größer und mit dichtem Fell. Der größte Bestand von etwa 1.000 Wildkatzen hält sich in den Buchen- und Eichenmischwäldern im Nationalpark Eifel auf.

● Schwarzstorch

Glückspilz, wer ihn sieht: Der einzigartige Schwarzstorch mit den fast unnatürlich rot leuchtenden Beinen und Schnabel ist nicht nur selten, sondern auch scheu. Auf einer stabilen Astgabel eines weit ausladenden Waldbaums baut Familie Schwarzstorch ihr gewaltiges Nest, Aufzugsort für die Jungen und Startpunkt für Fischjagdzüge zu den Gewässern im Umkreis von 20 km.

Der Schwarzstorch mag es ganz ruhig: Er kommt nur in ungestörten Waldgebieten mit fischreichen Gewässern vor.

SOMMER

Es ist so still im Wald

TIPP 42

Ja, das morgendliche Vogelkonzert ist nun zu Ende. Für die allermeisten Vögel endet die Brutzeit definitiv im Juli. Wird auch Zeit, denn vor dem nächsten Winter gibt es für sie noch einiges zu tun, den Gefiederwechsel (Mauser) beispielsweise. Federn sind für Vögel Wolldecke, Regenmantel, Tragfläche, Steuereinheit, drittes Bein (Spechte), Geschlechtssymbol und Styling in einem, leider nur mit einem Jahr Garantie. Der Sommer ist daher die günstigste Zeit für den kompletten Austausch der Federn, der sich bei den meisten Vögeln nach und nach über mehrere Wochen hinzieht. Dann leben sie eher im verborgenen Gebüsch, denn die Mauserzeit ist ziemlich anstrengend. Draußen finden Sie jetzt viele Federn, die größten stammen von Flügel und Schwanz!

Dennoch brauchen Sie im Sommer auf Vogelbeobachtung nicht zu verzichten, denn nun werden die Beeren reif: Drosseln, Insektenfresser wie Grasmücken, Rotschwänze und Schnäpper und sogar Körnerfresser wie Buch- und Grünfink können den süßen Früchten nicht widerstehen. Drum lassen auch Sie sich von den beerentragenden Bäumen

SOMMER 47

Holunderbeeren sind beliebt bei Groß und Klein.

TIPP 43 Kuckuck, kuckuck, ruft's aus dem Wald

Das gibt es tatsächlich nicht nur im Frühling, sondern auch im Sommer. Noch immer können Sie den Kuckuck hören, wohlgemerkt Herrn Kuckuck. Frau Kuckuck kichert heiser. Sie schmuggelt bis Mitte Juli ihre bis zu 22 Eier, nach vorheriger Observation, einzeln in fremde Nester, von Rohrsängern, Rotkehlchen und anderen Kleinvögeln. Dann bequemt sich Madame davon und lässt ihre Kuckuckskinder von Stiefeltern aufziehen. Und bevor die letzten Jungen flügge sind, ist der Kuckuck schon wieder unterwegs gen Südafrika. Wann haben Sie zum letzten Mal einen Kuckuck gehört?

Ausflugs-Tipp
Schauen Sie nun immer wieder mal zum Himmel. Kreisende Mäusebussarde machen die Mauser sichtbar. Dort, wo Sie im Flügel Lücken erkennen, wird gerade eine Feder ersetzt.

und Sträuchern anlocken, mit etwas Geduld werden Sie mit schönen Szenen aus dem Leben der Vögel belohnt. (Bei der Gelegenheit ein kleines Aha-Erlebnis: Aus der Sicht der Vögel leuchten die für uns schwer zu erkennenden blauen, weiß bereiften Früchte wie mit Neonfarben angemalt im Grün der Büsche, denn Vögel können UV-Licht sehen.) Auch Ringeltauben gurren noch. Mit ihrem weißen Halsspiegel sind sie derzeit besonders auffällig, weil sie in Paaren oder kleinen Gruppen umherziehen.

Förster-Tipp
In Zeiten des Klimawandels hat es der Kuckuck schwer. Wenn er aus Südafrika zurückkehrt, sitzen immer häufiger schon Küken in den Nestern der Kleinvögel. Dann wird es nichts mit der Eiablage.

SOMMER

Ein Regen-Wald-Tag

TIPP 44

Manche Sommer sind einfach verregnet. Kein Grund für schlechte Laune, denn auch dann ist im Wald was los. Feuersalamander etwa, die sonst tagsüber unter Baumwurzeln oder Fallaub ruhen, sind nun munter. Regenmännchen werden sie drum auch genannt. Die schwarz-gelbe Warnfärbung sollten auch Sie ernst nehmen: Seine Haut ist stark giftig. So schützt sich der Feuersalamander davor, im Magen von Eulen, Füchsen und anderen Fleischfressern zu landen.

Auch für einige Kriechtiere ist Regenwetter wie geschaffen, liegen dann die Außentemperaturen doch meist im angenehmen 15–20-Grad-Bereich. Blindschleichen, die fußlosen Verwandten der Zauneidechse (ergo: keine Schlangen), verlassen an regnerisch-kühlen Tagen gern ihre Tagesverstecke. Nun setzen die Weibchen auch die bis zu acht Zentimeter langen Jungtiere ab, ein Schauspiel, das Sie nur mit sehr viel Glück beobachten können.

Kühler als die sonnenanbetende Zauneidechse mag es die Waldeidechse. Mit ihren kurzen Beinen wirkt sie gedrungener als die schlanke Verwandte. Trächtige Weibchen erkennen Sie an dem dicken Leib, dessen Schuppen wie ein zu enger Gürtel im nächsten Moment abzuplatzen scheinen.
Auch bei den Waldeidechsen wird nun Nachwuchs erwartet ebenso bei den giftigen Kreuzottern, beides ebenfalls lebendgebärende Arten. Haben Sie das gewusst?

Steckbrief Feuersalamander

Unverwechselbar gefärbter Schwanzlurch. Wird bis zu 25 cm lang und bis zu 50 Jahre alt. Frisst Schnecken, Spinnen, Tausendfüßer, Käfer und Regenwürmer. Lebendgebärend, setzt im zeitigen Frühjahr bis zu 80 Larven in Bächen ab. Lebt in feuchten, kühlen Laubmischwäldern. Geschützt!

SOMMER 49

TIPP 45 — Mini-Kröten-Regen

Wie kleine Plastiktierchen sehen die winzigen Erdkröten und Grasfrösche aus, die nun ihr Geburtsgewässer verlassen, um die nächsten Jahre im Wald zu verbringen. Erst, wenn sie mit drei bis fünf Jahren erwachsen sind, kehren sie zur Paarung wieder dorthin zurück.

TIPP 46 — Mikrokosmos Waldboden

Am Waldboden, zwischen dem braunen Falllaub, den Moospolstern, Gräsern, Kräutern und Blumen, wimmelt es nur so an kleinen sechs-, acht- und mehrbeinigen Lebewesen. Um sie zu entdecken, müssen Sie in die Hocke gehen, sich auf den Waldboden setzen oder (am bequemsten) auf eine ausgebreitete Decke legen. So bekommen Sie Einblick in eine hervorragend funktionierende Mikrokosmos-Recycling-Fabrik: Schließlich bauen Tausendfüßer, Saftkugler, Asseln, Waldschaben, Borstenschwänze, Springschwänze, Schnecken, Ohrwürmer, Insektenlarven und allerhand noch kleineres Getier, teils nur mit der Lupe oder unterm Mikroskop sichtbar, alljährlich 380 Millionen Tonnen Laub ab – ja, so viel fällt bei uns in der kalten Jahreszeit von den Bäumen. Jetzt, im Sommer, können Sie live die enorme Leistung dieser kleinen Müllarbeiter bewundern: Von den großen Laubbergen ist so gut wie nichts mehr da! Das ist uns doch einen Applaus wert!

Schauen Sie auch einmal nach, welche Tiere in der Nadelstreu unter Nadelbäumen liegen. Wenn Sie dort nur dichtes Pilzgeflecht und von Milben durchlöcherte Nadeln wissen, lernen Sie den Artenreichtum von Laubbäumen schätzen!

Abenteuer-Tipp
Ein Baumstumpf beherbergt einen wahren Mini-Zoo. Er ist Versteck, Mietwohnung, Gaststätte, Brutraum, Jagdrevier und Hotel für unzählige Tiere, die Sie dort beobachten können.

SOMMER

Libellen im Wald?

TIPP 47

Dass an Stillgewässern im Wald Libellen vorkommen, verwundert Sie vielleicht noch nicht sehr. Wenn Ihnen dann aber mitten im Wald eine große Blaugrüne Mosaikjungfer begegnet, ist das Erstaunen doch groß: Besonders die Männchen unternehmen ausgiebige Patrouillenflüge. Ist es sehr heiß, dann hängen sie sich auch gern ins schattige Geäst am Wegesrand und warten, bis es am Nachmittag kühler wird.

Kleine Raupe Nimmersatt

TIPP 48

Am Waldrand, entlang der Waldwege und auf Lichtungen flattern Schmetterlinge von Blüte zu Blüte. Dort, wo Schmetterlinge sind, können auch ihre Raupen nicht weit sein. Raupen sind die Fressstadien im Leben eines Schmetterlings. Sie bewältigen den enormen Wachstumschub vom winzigen Ei zum großen Falter, der, einmal aus der Puppenhülle geschlüpft, nicht mehr wächst. Schmetterlinge sind für die Vermehrung und Verbreitung zuständig – da herrscht bei den Lepidopteren strikte Arbeitsteilung.

Steckbrief Kleiner Fuchs

Einer der häufigsten heimischen Edelfalter. Raupe: Mai bis August zu vielen in gemeinsamem Gespinst; bis zu 3 cm lang; schwarz mit gelben Längsbinden und hell getupft, schwarze und gelbliche Dornen; frisst nur Brennnesseln. Falter: ganzjährig; orangebraun mit gelben und schwarzen Flecken sowie einer blauen Fleckenreihe am Außenrand; Flügelspannweite 4–5 cm

SOMMER 51

TIPP 49 Spannende Spinnen

Alle Spinnen sind Jäger, töten ihr Opfer mit einem giftigen Biss, haben acht Beine, alle (echten) Spinnen können Spinnseide herstellen. Damit haben Sie schon so gut wie alle Gemeinsamkeiten erfasst, denn die Vielfalt an Jagdstrategien dieser faszinierenden Tiergruppe ist überwältigend. Das gibt die nächste Entdeckungsaufgabe im Wald: Wer findet die meisten unterschiedlichen Spinnen? Ein Tipp: Schauen Sie auf Boden, Blätter, Rinde, Zweige, Baumstümpfe und als Fundbeweis gilt ein Foto auf Handy oder Digikamera.

Ausflugs-Tipp

Wolfsspinnen huschen zu vielen über den Waldboden. Sie können sie leicht daran erkennen, dass sie kein Netz bauen, sondern die Beute mit einem Sprung überwältigen. Außerdem tragen die Weibchen zunächst einen Eikokon, dann Jungspinnen am Hinterleib.

Nun sind Raupen zwar enorm verfressen, aber auch noch enorm wählerisch. Eine Raupe frisst nicht so einfach jedes Blatt. Nein, ganz bestimmte müssen es sein – und für jede Art ein anderes Sortiment an Grünzeug. Ist Ihnen schon einmal aufgefallen, dass die Blätter an einem Strauch völlig abgefressen, am Nachbarstrauch aber unberührt sein können? Jetzt wissen Sie den Grund dafür – und auch, warum eine große Vielfalt an Pflanzenarten so wichtig ist! Schmetterlinge saugen auch an feuchten, offenen Bodenstellen und an Kot. Dort nehmen sie lebenswichtige Nährsalze auf, die im süßen Nektar fehlen. Nur von Süßigkeiten allein kann man einfach nicht leben.

● **Eine kleine Auswahl an Tagfaltern im Wald**

→ Admiral: schwarze, behaarte Raupen an Brennnesseln
→ Baumweißling: schwarz-grau-gelbe, behaarte Raupen an Weißdorn, Eberesche, Schlehe
→ Kleiner Eisvogel: grüne Raupen am Waldgeißblatt
→ Kaisermantel: braune, bedornte Raupen an Veilchen- und Himbeerblättern
→ Landkärtchen: schwarze, bedornte Raupen an Brennnesseln
→ Großer Perlmuttfalter: schwarze, bedornte Raupen an Veilchenblättern
→ Waldbrettspiel: grüne Raupen an bestimmten Gräsern
→ Brauner Waldvogel: hell rötlich braune Raupen an bestimmten Gräsern
→ Zitronenfalter: grüne Raupen auf Faulbaum und Kreuzdorn

SOMMER

Lecker, lecker, lecker

TIPP 50 Mit knallig leuchtenden Farben locken viele Früchte Vögel und andere Tiere an, denn sie wollen verspeist werden. Im Tierkörper gehen die Samen auf Reise – und die Pflanze kann letztlich einen neuen Standort erobern. Zum Glück munden viele dieser Wildfrüchte auch uns Menschen. Pflücken und genießen geht aber nur, wenn Sie auch die giftigen Doppelgänger kennen! Und natürlich in Maßen, Sie wollen doch nicht den Wildtieren die Nahrung wegfuttern.

Förster-Tipp: Pflücken Sie (in Maßen) nur die Früchte, die Sie tatsächlich kennen. Wenn Sie unsicher sind, lassen Sie sie lieber hängen.

● **Saftiges zum Sammeln**
Roh, aber auch gekocht in Wildfruchtmarmeladen schmecken Brombeeren, Himbeeren, Heidelbeeren, Felsenbirnen, Wald-Erdbeeren, Wald-Johannisbeeren und Wald-Stachelbeeren.
Feine Wildfruchtkompotte und -marmeladen können Sie kochen aus den Früchten von Schwarzem Holunder, Berberitze, Elsbeere, Kornelkirsche, Eberesche, Mispel sowie den Hagebutten aller Wildrosen (zuvor behaarte Nussfrüchtchen im Innern entfernen). Kreieren Sie eigene Fruchtmischungen („Tralalas Fruchttöpfchen", „Wildfrüchte vom Rutzelberg") mit erlesenen Gewürzen: Kardamom, Vanille, Zimt, Ingwer oder einem Schuss Champagner, Fruchtlikör oder dem kleinen Rotweinrest vom letzten Festessen.
Probieren Sie auch einmal Wildfruchtwein oder Apfelwein aus Speierling.

In Fichtenwäldern wachsen die leckeren Heidelbeeren, die so viele Liebhaber unter Mensch und Tier haben.

SOMMER 53

> **Ausflugs-Tipp**
> Augen auf: Wer entdeckt die meisten unterschiedlichen Früchte beim nächsten Waldspaziergang?

Rotkehlchen fliegen auf die pink-orangen Früchte des Pfaffenhütchens.

Vorsicht giftig!

TIPP 51

Ist Ihnen schon einmal aufgefallen, dass es im Wald besonders viele beeren- und kirschenähnliche Früchte gibt? Interessanterweise scheinen Waldtiere ganz besonders auf kugelrunde Früchte abzufahren, die nicht nur an Sträuchern, sondern auch an vielen Blumen hängen. Leider gibt es neben leckeren essbaren Früchten auch eine ganze Menge richtig giftiger. Diese sollten Sie kennen. Dazu gehören beispielsweise die schwarzen Früchte von Faulbaum, Liguster, Kirschlorbeer, Efeu, Einbeere, Weißwurz, Salomonssiegel und Tollkirsche, die roten Früchte von Aronstab, Maiglöckchen, Seidelbast, Stechpalme, Geißblatt und Heckenkirsche sowie die besonders hübschen vom Pfaffenhütchen. Die leuchtend roten Samenhüllen hingegen sind die einzigen Teile der Eibe, die nicht giftig sind.

Finger weg heißt es auch beim Fingerhut, Maiglöckchen, Weißwurz – und ganz besonders bei der Riesen-Herkulesstaude, einem bis zu vier Meter hohen Pflanzengiganten: Anfassen + Tageslicht = schlimme Hautverbrennungen. Nein danke, das brauchen Sie wirklich nicht .

SOMMER

TIPP 52 Artenfülle

Von wegen, nur so ein bisschen Grün! In einem natürlichen Mischwald leben etwa 20 % aller heimischen, an Land lebenden Tier- und Pflanzenarten. Das sind rund 200 Baum-, Strauch-, Blumen-, Kräuter- und Gräserarten, 15 Farnarten, 190 Moosarten, 160 Algenarten, 3.000 Pilzarten, 50 Schleimpilzarten, 280 Flechtenarten, 130 Bakterienarten und 7.000 Tierarten vom kleinen Springschwanz bis zum gewaltigen Rothirsch. Mögen Sie den Wald bei Ihrem nächsten Spaziergang mit Blick auf diese Artenfülle sehen!

Ausflugs-Tipp

Anstatt Blumen und Gräser für einen Strauß oder ein Pflanzenherbar zu pflücken, machen Sie's mal anders: Zeichnen, malen oder fotografieren Sie die wunderschönen Pflanzen. So haben Sie lange Freude an ihnen – oder ein schönes Geschenk für den nächsten Geburtstag.

TIPP 53 Gräser im Wald?

Gräser würde man im Wald gar nicht vermuten. Gräser gehören auf die Wiese oder in die afrikanische Savanne, oder etwa nicht? Tatsächlich gibt es zahlreiche Waldgräser, die sogar so typisch sind, dass ganze Waldtypen nach ihnen benannt werden, den Hainsimsen-Buchenwald etwa. Oder den Walzenseggen-Erlenbruchwald. Bestimmte Gräser und Bäume gehören offensichtlich zusammen. Tatsächlich sind Gräser die wohl erfolgreichste Pflanzengruppe – Biologen schätzen, dass jede fünfte Pflanze der Erde ein Gras ist! Ist das nicht Anlass genug für eine Gräser-Tour im Wald? Dort warten Behaarte Hainsimsen, Wolliges Honiggras, Zittergras, Einblütiges Perlgras, Wald-Zwenken und Hasenpfoten-Seggen auf Sie.

SOMMER

Trockenheit und Dürre

TIPP 54

Hat es im Sommer lange Zeit nicht geregnet, sind die Gräser, Blumen und Blätter der Sträucher und Bäume sehr trocken. Dann kann ein einziger Funke von einer achtlos weggeworfenen Zigarettenkippe (oder von einer Glasscherbe/Glasflasche verursacht) die trockenen Pflanzen entzünden. Die meisten Waldbrände entstehen aber durch achtlos entzündete Lager- und Grillfeuer. Das darf Ihnen auf gar keinen Fall passieren, bringt ein Feuer ja unzähligen Pflanzen und Tieren den Tod, von der für Menschen ausgehenden Gefahr mal ganz zu schweigen. So ein Waldbrand ist unglaublich laut und rasend schnell: Das Feuer springt von Baumkrone zu Baumkrone und frisst sich mit Tempo 20 durch den Wald.

Abenteuer-Tipp

Dem Feueraufspürspezialisten auf der Spur: Bei uns gibt es tatsächlich einen Käfer, der einen bis zu 80 km weit entfernten Waldbrand wahrnimmt. Der unscheinbare Kiefernprachtkäfer fliegt schnurstracks zum Feuer, um seine Eier auf dem frisch verbrannten Holz abzulegen. Bioniker interessieren sich für die feinen Sinnesorgane, um neuartige Feuermelder zu entwickeln.

Förster-Tipp

Machen Sie ein Lager- oder Grillfeuer im Wald nur an den vorgesehenen Feuerstellen und auf keinen Fall bei bestehender Waldbrandgefahr!

Höhepunkt mit
FEUERWERK

Bunt verabschiedet sich der Sommer im Wald, so als ob jemand in einen großen Farbtopf gegriffen hätte: Gelb, orange, rot und blau die reifen Wildfrüchte, Beeren und Pilze, ähnlich bunt die Blätter an Bäumen, Sträuchern und am Erdboden. Bevor die Winterruhe übers Land zieht, feiert die Natur im Herbst noch einmal ein prächtiges Feuerwerk! Auch die Tiere bereiten sich auf den bevorstehenden Winter vor – Eichhörnchen, Eichelhäher und andere Tiere legen sich Vorräte an (siehe Tipp 63), fressen sich dick und rund oder verschwinden einfach. Ein Highlight im Herbstwald: Rothirsche bei der Brunft (siehe Tipp 69).

HERBST

TIPP 55 — Laub, Laub und noch mehr Laub

Nun ist es wieder so weit: Mit einem Feuerwerk an bunten Farben (und leckeren Früchten) verabschieden sich die Bäume und Sträucher vom Sommer.

→ **SCHRITT 1** Das kostbare Blattgrün (Chlorophyll, siehe Tipp 8) wird den Blättern entzogen und in Stamm und Wurzel für die nächste Blättergeneration überwintert.

WIRKUNG All die anderen gelben, orangen, roten und braunen Farbstoffe in den Blättern werden sichtbar.

→ **SCHRITT 2** Der Blattstiel löst sich an einer Sollbruchstelle und das Blatt fällt herab.

WIRKUNG Riesige Laubberge, die zum Spielen, Basteln und munteren Wanderungen einladen.

Ausflugs-Tipp

Fädeln Sie die schönsten Blätter auf einen langen Faden – bunt durcheinander, nach Größen sortiert oder mit Farb- und Formenverlauf – und schmücken Sie mit den Blätter-Girlanden Ihren Eingang, die Fenster und Türen. Zaubern Sie einen hübschen Tischschmuck aus Blättern, Zapfen, Früchten, Rindenstücken und anderen Fundstücken aus der Natur. So laden Sie den Herbstwald in Ihr Zuhause ein.

HERBST

● Natur-Art mit Blättern

Aus bunten Blättern entstehen herrliche Kunstwerke, nicht zu Hause, sondern draußen im Wald: Blätter kreis- oder spiralförmig anordnen, außen grüne, dann rote, innen gelbe, im Zentrum der dunkle Waldboden.

→ Blätter in fließenden Übergängen wandern über einen Baumstumpf
→ eine gezackte Spur aus roten Blättern verliert sich im Gebüsch
→ mehrfarbige Blätter ergeben fließende Farbübergänge.

Lassen Sie sich von der Umgebung und den wunderschönen Blättern, Früchten, Ästchen, Zapfen, Steinen inspirieren. Zum Befestigen benutzen Sie Dornen, Stöckchen, Grashalme und andere Naturmaterialien. Ihre Natur-Art fotografieren – und dann überlassen Sie Ihr Kunstwerk der Natur, den Waldtieren und dem Herbstwind. So wandeln Sie auf den Spuren von Natur-Art-Künstlern wie Andy Goldsworthy.

● Muntere Laubspiele

Hohe Laubberge auf den Wegen? Wie geschaffen für muntere Marschtouren im Herbstwald: Im schnellen Lauf, auf allen vieren, rückwärts, seitwärts und hüpfend geht's durch die laut raschelnden Blätter. Dann tobt eine wilde Laubschlacht (Achten Sie darauf, dass sich keine Steine unters Laub mischen) und die hochgeworfenen Blätter rieseln auf Sie herab wie die Sterntaler aus dem Märchen. Draußen sein, sich bewegen und den eigenen Lebenspuls spüren: Das hält Sie rundum gesund!

TIPP 56 In Pfützen springen

Bei regnerischem Wetter tut frische Luft noch mal so gut, denn die Feuchtigkeit ist Lungen-Wellness pur. Drum Gummistiefel anziehen, die Hose hineinstopfen und ab in den Wald, wo die Blätter einen natürlichen Regenschirm bilden. Und statt der nächsten Pfütze auszuweichen, springen Sie mit einem Satz mitten hinein: links und rechts, vorne und hinten spritzen Wasserfontänen in die Höhe. Wer schafft die höchsten? So geht's weiter von Pfütze zu Pfütze. Das macht Spaß mit Gute-Laune-Garantie.

HERBST

Die Nüsschen der Waldrebe tragen fedrige Anhänge.

Lianen, bei uns?

TIPP 57

Die gibt's doch nur im tropischen Regenwald! Nein, nein, da irren Sie: Auch in unseren Wäldern gibt es Lianen. Tarzan hätte an den hiesigen Lianen aber keine Freude (ebenso wenig wie an den tropischen), denn Lianen sind stets fest im Boden verwurzelt. Von dort aus erklimmen sie mit ihren verholzenden Trieben nach Spiderman-Art die Stämme und Äste von Bäumen und Sträuchern. Mehr Licht ist das erklärte Ziel der kletternden Gemeinen Waldrebe, Efeu, Wald-Geißblatt und Hopfen. Licht ist nämlich ein überaus kostbares Gut im Wald, der ja für seine Schattenseiten bekannt ist.

Nun wollen Sie sicherlich noch wissen, woran sich Tarzan mit seiner Jane durch die Dschungellüfte geschwungen hat: an Luftwurzeln, die von den hohen Baumkronen herabhängen. Leider gibt es aber ausgerechnet die nicht bei uns, schade.

HERBST

Wunderzapfen: Hopfen

TIPP 58

Am Waldrand und in Auwäldern wächst der Hopfen wild. Es ist tatsächlich derselbe, den Sie von den berankten Drahtgestellen der Hopfenfelder kennen. Hopfen ist eine alte Heilpflanze, die Mönche dem Bier zur Minderung sexueller Lüste beimischten. Noch heute gehört Hopfen in jedes richtige Bier ... Wundert Sie das?

Sie machen allerdings aus Hopfen kein Bier, sondern einen würzig-aromatischen Tee. An einem trockenen, warmen Herbsttag (am besten am frühen Nach-

mittag) sammeln Sie die grünen Hopfenzapfen. Rasch als Ganzes getrocknet, bewahren Sie die Zapfen in gut schließenden Gläsern (für einen beruhigenden Schlaftee zerpflücken, höchstens zehn Minuten ziehen lassen) oder in einem Stoffbeutel als schlafbringendes Kuschelkissen auf.

Steckbrief Hopfen

Mehrjährige Kletterpflanze. Bis zu 6 m hoch. Zweihäusig, d. h. Pflanzen nur mit männlichen (lockere Rispen) oder nur mit weiblichen Blüten (dichte Scheinähren, aus denen sich die Zapfen entwickeln). Blüht Juli bis August, grüne Zapfen ab August. Nur die weiblichen Pflanzen sind in Kultur.

Der Hopfen beweist es: Es gibt auch Laubgehölze mit Zapfen.

HERBST

Tipp 59 — Eicheln, Eckern, Ess-Kastanien

Nun sind sie reif, die Früchte der Bäume. Im Wald sind das nicht nur die saftig-süßen Wildfrüchte von Schwarzem Holunder, Berberitze, Elsbeere, Kornelkirsche und Eberesche, sondern auch allerhand holzig-harte. Eicheln, Bucheckern, Ess-Kastanien und Haselnüsse gehören dazu, in Parkanlagen und Biergärten auch die glänzend rotbraunen Rosskastanien. Weniger auffallend sind die geflügelten Nüsse der Ahorne, superhart (und nur von Spezialisten zu öffnen wie dem heimischen Kernbeißer, einem kräftig gebauten, braunroten Singvogel) die kleinen Nussfrüchte der Hainbuche, die dank ihrer dreieckigen „Perücke" fliegen können. Für all die vielen Baumfrüchte (und verschiedene Hagebutten, längliche, runde, dicke), die nun am Waldboden liegen, können die Taschen gar nicht groß genug sein. Sie wollen für allerlei Kreatives gesammelt werden – für lustige Tierchen auf Streichholzbeinen, herbstliche Girlanden (Baumfrüchte auf dünnen Zwirn auffädeln, evtl. vorher mit einem Handbohrer durchlöchern) oder dekorativen Tischschmuck.

Ausflugs-Tipp: Wenn Sie nach Ihrem Ausflug die Baumfrüchte in ein hohes Glas füllen und eine Kerze hineinstellen, erhalten Sie ein hübsches Windlicht, das Sie abends an den herrlichen Tag im Wald erinnert.

HERBST

Waldkunst – Kunstwald

TIPP 60

Wenn die Natur so verschwenderisch viel Naturgut einfach fallen lässt – Blätter, Baumfrüchte, Zapfen, Äste und Zweige – wie jetzt im Herbstwald, dann nehmen Sie mit einem Danke diese Geschenke an und beschenken Sie den Wald mit dem, was für uns Menschen so typisch ist: etwas Schöpferischem. Wandeln Sie mit dem Blick eines Naturkünstlers durch den Wald und finden Sie einen schönen Platz für Ihre ganz persönliche Waldkunst, natürlich nur aus natürlichen, aufgesammelten Fundstücken (und evtl. Naturfasern): An den Zweigen eines Baumes bilden Zweige eine natürliche Hängematte, ein aus Dornen und Blättern gefertigter Würfel schwebt an dünnen Ästchen zwischen dem Gestrüpp, oder Fichtenzweiglein laufen in den Ritzen einer Rinde wie eine Prozession stacheliger Raupen den Stamm hinauf – oder hinunter. Lassen Sie sich inspirieren von den geheimnisvollen Plätzen im Wald und den Materialien, die Sie dort finden.

● **Fantasie im Wald**

Einst hausten in den tiefsten Wäldern Elfen, Zwerge, Wichtel, Gnome, Hexen, Feen und viele andere Wesen vom kleinen Volk. Heutzutage scheinen sie ausgestorben zu sein – doch ist das wirklich so? Wandeln Sie doch einmal durch den Wald mit dem Blick kleiner Wesen: Entdecken Sie dort nicht genügend Ecken, die aussehen wie Miniaturwelten, wie gemacht für Kobolde oder Trolle?

Verwunschene Welt am Waldboden: Wo würden Sie hausen wollen, wenn Sie ein Zwerg wären?

HERBST

Baumpilze entdecken ...

TIPP 61

Schon gesehen? An manchen Baumstämmen ragen flache Hüte wie kleine Dächer heraus. Manche stehen einzeln, andere bilden kleine Siedlungen aus über- und nebeneinanderstehenden Pilzhüten – denn genau das sind die anhänglichen Gebilde. Die meisten Baumpilze befallen nur morsches oder krankes Holz und spielen eine wichtige Rolle bei der Zersetzung von Altholz.

Dazu gehören der Rotrandige Baumschwamm etwa, der Flache Lackporling oder die Buckel-Tramete. Andere hingegen wie der schwefelgelbe Schwefelporling, auch der bekannte Zunderschwamm, sind Baumparasiten, die Eichen, Buchen und andere Bäume bei lebendigem Leib überfallen und zum Absterben bringen.

Steckbrief Zunderschwamm

Bis zu 30 cm breite, gelb- bis rotbraune oder grauockerfarbene, wellige, sehr harte Hüte. Nur an Laubbäumen (Buche, Birke, auch Pappel). Früher Herstellung von lederartigen Gegenständen wie Taschen oder Hüten, heute noch in Rumänien. Feuer machen: Dazu Zunderschnipsel mit Rohrkolbensamen mischen.

Oftmals zugestaubt von den Sporen aus den oberen Etagen – die Pilzhüte der Baumpilze

HERBST

Das ist tatsächlich ein Pilz – und zwar der Tintenfischpilz!

TIPP 62 ... und solche, die so gar nicht nach Pilz aussehen

Nicht alle Pilze haben Hüte oder kleben wie die Baumpilze als kleine Dächlein am Stamm. Auch die am Boden wachsenden Pilze gibt es in vielerlei Formen. Manche sehen aus

- wie eine schöne Schale (Orange-Becherling an sandigen oder kiesigen Waldwegen)
- wie Popcorn (Schafeuter-Porling in Fichtenwäldern)
- wie ein Tintenfisch (Tintenfischpilz in Laubwäldern, eingeschleppt aus Australien)
- wie gelb-weiße Korallenstöcke (Bauchweh-Koralle in lichten Buchenwäldern)
- wie ein Badeschwamm (Krause Glucke in Kiefernwäldern)
- wie ein Penis (Stinkmorchel in Fichtenforsten, Nadel- und Laubwäldern)
- wie gelber Popel (Goldgelber Zitterling in Weidengebüsch)
- wie eine Kartoffel (Kartoffelbovist am Wegesrand oder Rötender Wurzeltrüffel in lichten Kiefernwäldern)
- wie ein Stern (Wetterstern in lichten Wäldern)
- wie ein ...

Na, welchen bizarren Pilz haben Sie gefunden?

Förster-Tipp

Auch die stattlichsten Bäume haben Feinde, Baumpilze gehören dazu, wie etwa der gefährliche Hallimasch (der gekocht auch essbar ist, aber nicht von jedem vertragen wird), Splint- und Borkenkäfer oder hungrige Hirsche und Rehe.

HERBST

TIPP 63 Bäume pflanzen wie Eichhörnchen und Eichelhäher

Licht aus, Herbst an – nun ist es höchste Zeit für die Tiere, sich auf den kommenden Winter einzustellen. Für die Tiere, die den Winter über bei uns bleiben, heißt eine der Überlebensstrategien für die kalte Jahreszeit: Vorräte anlegen. Und so wandelt sich der Eichelhäher vom sommerlichen Jäger zum herbstlichen Sammler der Superlative: Bis zu elf Stunden täglich ist er mit dem Auflesen von Eicheln, Nüssen und Bucheckern beschäftigt. Bis zu 15 Eicheln passen in seinen Kehlsack, eine weitere in den Schnabel und bis zu acht Kilometer weit transportiert er so die nahrhaften Baumfrüchte an Waldränder und Lichtungen, wo er sie meist einzeln im Boden oder unter Baumwurzeln versteckt. So kommen in drei bis sechs Wochen Sammeltätig-

Steckbrief Eichelhäher
Rabenvogel, Singvogel. Wegen seiner warnenden „rätsch"-Rufe auch Polizist des Waldes genannt. Bis zu 35 cm lang. Frisst im Sommerhalbjahr hauptsächlich tierische Kost (Raupen, Käfer), im Winterhalbjahr Pflanzliches.

TIPP 64 Pflanzen für die Zukunft

Im Herbst beginnt wieder die Zeit zum Bäumepflanzen, in diesem Jahr auch für Sie! Machen Sie bei einer Baumpflanzaktion mit. Erkundigen Sie sich beim nächsten Forstamt oder via Internet (www.wald.de), denn das Bäumepflanzen gehört trotz Eichhörnchen und Eichelhäher zu deren Aufgaben. Dann lernen Sie hautnah das

HERBST

keit bis zu 5.000 Eicheln pro Vogel zusammen, macht 25 kg! Fleißig der Bursche, nicht wahr?
Ebenso emsig legt auch das Eichhörnchen seine Vorratslager im Erdreich und in Höhlungen an; 650 Eicheln wurden schon in einem einzigen Versteck gefunden. Aus den zahlreichen, unentdeckten Eicheln, Eckern, Nüssen und Zapfen wachsen dann im nächsten Jahr neue Bäume – vielleicht der Baum, vor dem Sie gerade stehen. So sind Eichelhäher und Eichhörnchen nicht nur Sammler, sondern sogar Förster.

Steckbrief Eichhörnchen
Rostbraun bis schwarzbraun gefärbt, Bauch weiß. Im Winter lange Ohrbüschel. Bis zu 25 cm lang plus 20 cm Schwanz. Baumnest (Kobel) aus Zweigen zur Jungenaufzucht, als Ruheplatz für Nacht und Winter.

Von morgens bis abends geschäftig – das putzige Eichhörnchen

rundum gute Gefühl kennen, etwas Sinnvolles geleistet zu haben – für das Klima, für den Wald, für Sie, Ihre Kinder und Enkel. Und das Schönste: Besuchen Sie Ihren jungen, frisch gepflanzten Baumfreund immer wieder. So erleben Sie, wie er wächst, wie sich seine Krone entfaltet und aus dem Jungspund ein alter Baum-„Hase" wird.

Förster-Tipp
Bäume sind DIE Investition in Heute und Morgen: Sie speichern klimawirksames Kohlendioxid (CO_2), filtern Wasser und Luft, liefern den nachhaltigen Rohstoff Holz, schützen vor Überflutungen und Erosion, bieten Unmengen an Tieren und Pflanzen vielfältige Lebensräume – und sind herrliche Begleiter durch das menschliche Leben!

HERBST

Hornissen sind beeindruckende Insektenpersönlichkeiten – wie schade, dass nun ihr Staat zu Ende geht.

TIPP 65 In eine verlassene Spechthöhle schauen

Liegt eine Höhle im Baumstamm auf Augenhöhe, dann sollten Sie sich die Gelegenheit nicht entgehen lassen, einen Blick hineinzuwerfen. Die Specht- oder anderen Vogeljungen sind nun schon lange flügge; auch die meisten Nachmieter haben die Höhle bereits verlassen oder zeigen sich am Einflugloch, wie etwa Hornissen. Dann heißt es, zwei Schritte zurücktreten und von dort gelassen und ruhig die faszinierenden Insekten beobachten. Nicht ärgern! Im Winter können Sie wiederkommen; dann ist der kleine, aber feine Hornissenstaat zugrunde gegangen und Sie können vielleicht sogar die Papierwaben betrachten.

Sind keine Hornissen da, dann werfen Sie mit Taschenlampe und Spiegel (mit gebogenem Stiel) einen Blick in die Baumhöhle. Loten Sie aus, wie tief die Höhle ist. Was befindet sich an deren Grund?

Abenteuer-Tipp

Eine Baumhöhle bleibt nicht lange allein: Suchen Sie sie immer wieder auf – im ausgehenden Herbst und Winter. Von Winterende bis zum Sommer wegen Brutzeit und Jungenaufzucht bitte mit Fernglas (vielleicht sind Sie ja dabei, wenn die jungen Vögel zum ersten Mal ihr Nest verlassen) und ausreichend Abstand.

HERBST 69

TIPP 66 Schon mal einen Waschbären gesehen?

Die meisten wohl kaum, denn dieser Kleinbär ist ein ziemlich scheuer Bursche. 1934 am hessischen Edersee ausgesetzt, hat er sich mittlerweile in allen heimischen Wäldern (und in einigen Städten wie Kassel oder gar Berlin) angesiedelt – erfolgreich und bestens integriert. Abgesehen davon, dass wir ihn sowieso nicht mehr loswerden, sind mittlerweile auch Naturschützer in Frieden mit dem klugen Burschen in Panzerknacker-Outfit. Nun im Herbst sind die Chancen auf eine Sichtung etwas besser, denn nun fressen sich die Waschbären eine dicke Fettschicht an.

Steckbrief Waschbär
Bis zu 60 cm lang. Ist nachts aktiv, schläft tagsüber in Baumhöhlen. Frisst meist Früchte, Beeren, Eicheln, auch Eier, Insekten, Muscheln und Schnecken (werden im Wasser ertastet). Meist kein Einzelgänger, sondern mit komplexem Sozialverhalten.

Man sieht es dem Waschbär an, dass er ein gewieftes, schlaues Kerlchen ist.

HERBST

Fruchtkoster an Bäumen

TIPP 67

Streben Sie bei Ihren herbstlichen Streifzügen durch den Wald gezielt die fruchttragenden Bäume und Sträucher an, egal ob giftig oder nicht. Vogelbeeren zum Beispiel, die roten Früchte der Eberesche, lieben viele Vögel und Säuger. Vielleicht entdecken Sie dort sogar eine putzige Haselmaus (Verwandte vom Siebenschläfer), die behände im Geäst klettern kann – vermutlich die letzte Gelegenheit, sie zu sehen, denn bald verschwindet sie für Monate im frostgeschützten Versteck zum Winterschlaf. Die giftigen Früchte des Pfaffenhütchens sind besonders begehrt bei Rotkehlchen und Singdrosseln. Auch zahlreiche Zugvögel legen an Beeren- und Wildfruchtsträuchern gern eine Rastpause auf ihrer Reise gen Süden ein. Auf so schöne Weise lernen Sie ganz nebenbei heimische Tiere und Pflanzen kennen.

Haselmaus im Schlaraffenland – Früchte soweit die dunklen Kulleraugen schauen.

Förster-Tipp

Auf einfache Weise können Sie der kleinen Haselmaus helfen: Zum einen durch den Erhalt von fruchttragenden Sträuchern und Haselnüssen am Waldrand, zum anderen durch Ihre Beobachtungen von Haselmäusen oder deren Fraßspuren an Haselnüssen. Beim NABU gemeldet gehen auch Ihre Ergebnisse in eine wissenschaftliche Untersuchung ein.

HERBST

TIPP 68 Ameisenbrötchen

Hinter diesem leckeren Namen verbirgt sich tatsächlich ein (allerdings schokoloser) Süßriegel für emsige Waldameisen. Weiße Taubnessel, Mandel-Wolfsmilch und Nabelmiere heißen nur einige der Hersteller. Für diese Pflanzen sind Ameisenbrötchen Teil ihrer Verbreitungsstrategie, denn ihre Samen sind zu schwer für den Luftverkehr, zu glatt für Fell- und Kleidungstransporte und zu labil für tierische Darmpassagen. Die kleinen, weißen, fett-, vitamin-, zucker- und manchmal auch eiweißhaltigen „Brötchen"-Anhängsel sollen Sechsbeiner anlocken, die als Taxiunternehmer tätig werden sollen. Und die „süße" Taktik geht auf: Schwuppdiwupp, Samen samt Brötchen auf den Rücken aufgeladen und ab ins Nest. Dort – oder unterwegs – fallen die „lästigen" Samen ab und gelangen genau dorthin, wo sie hinwollen: an einen Platz in einiger Entfernung zur Mutterpflanze. Ziel erreicht! Nun braucht es nur noch passende Bedingungen, damit die Samen zu neuen Pflanzen keimen. Für die Ameisen übrigens sehr praktisch: So wandern die Brötchen immer näher zum Nest.

Ausflugs-Tipp
Halten Sie in der Umgebung eines Ameisenhaufens Ausschau nach häufig dort vorkommenden Blumen. Vielleicht sind auch diese Ameisenbrötchen-Produzenten.

Die großen Blüten verraten es: Das ist keine Brennnessel, sondern die harmlose Weiße Taubnessel.

HERBST

Der Platzhirsch

TIPP 69

Bei den Hirschen ist nun der Teufel los. Endlich können die Männchen zeigen, wofür sie das ganze Jahr ausgiebig trainiert haben. Es gilt die Faustregel: Je stattlicher der Bursche, je vielendiger das Geweih, umso strammer ist der Mann dahinter. Und das ist entscheidend in der Brunftzeit (Paarungszeit), um in die Gunst eines Weibchenrudels zu gelangen. Treffpunkt sind ab Dämmerung bestimmte Plätze im Wald, sozusagen die „Hirsch-Disko". Dort machen die Männchen mit lautem Röhren auf sich aufmerksam, allerdings nicht nur die Weibchen (Hirschkuh), sondern auch die anderen mehr oder weniger kapitalen Hirsche. Treffen dann zwei Hirschmänner aufeinander, wird erst mal wie am Stammtisch laut geröhrt (das schüchtert

Steckbrief Rothirsch

Paarhufer, zahlreiche Unterarten. Seit dem Verschwinden des Braunbärs das größte Wildtier im heimischen Wald, stattliche 2,5 m lang, bis zu 300 kg schwer. Männchen Geweihträger, bis zu 15 kg schwer. Frisst Gräser, Kräuter, Baumfrüchte, im Winter auch Zweige und Triebe. 1 Junges (Kalb).

„Fingerhakeln" auf Hirschisch: Wer drückt den Gegner auf den Boden?

meist schon die jungen ein), dann heftig mit den Hufen gestampft, Äste zerbrochen und dergleichen mehr getan, um das Gegenüber zu beeindrucken. Gibt noch keiner der beiden Hirsche nach, kommt es zum Kampf. Dabei versuchen sich die beiden Hirsche gegenseitig mit dem Geweih auf den Boden zu drücken. Wie beim Boxkampf hat der verloren, der am Boden liegt – nur den Unterlegenen auszählen, das tun Hirsche nicht.

Der ganze Trubel um tolle Geweihe, stramme Muskeln, Paarung und Weibchen ist für die Hirschmännchen so anstrengend, das sie nur ganz wenige Jahre lang und nur im besten Mannesalter Platzhirsche sind.

TIPP 70 Tierbegegnungen im Wald

Das ist Ihnen sicherlich auch schon passiert: Sie gehen, laufen, joggen oder radeln durch den Wald, genießen die Natur um sich herum oder sind in Gedanken vertieft. Da plötzlich, ein Reh (oder ein Eichhörnchen, ein Buntspecht) taucht auf, hält kurz inne und verschwindet ebenso schnell im Gebüsch, wie es aufgetaucht ist. Welch schöner Augenblick, leider viel zu kurz.

Gerade diese überraschenden Begegnungen mit Tieren können vielsagend sein: Vielleicht gibt die Lebensweise des Tieres, dem Sie gerade begegnet sind, Ihnen eine Idee für die Gedanken, mit denen Sie sich gerade beschäftigen? Das anmutige Reh schenkt Ihnen vielleicht ein wenig Sanftmut, Mut zum Sanftsein. Das Eichhörnchen erinnert Sie daran, dann die Früchte Ihres Lebens zu sammeln, wenn sie reif sind, und der Buntspecht, der seine Nesthöhle in das Herz eines Baumes (den Stamm) baut, kann Sie anregen, darüber nachzudenken, ob auch Ihr Nest in Ihrem Herzen liegt. Oder nehmen Sie solche Begegnungen einfach als Gelegenheit, sich über das Leben des Tieres zu informieren.

HERBST

TIPP 71 · Der Wind, der Wind, das himmlische Kind

Ein Herbst ohne Wind ist wie Weihnachten ohne Kerzenlicht, beide gehören einfach zusammen. Genießen Sie beim Herbstspaziergang (Kopf und Ohren gut verpackt) den frischen Luftzug auf Haut und Haaren. Spüren Sie, wie der Wind Körper und Seele reinigt und Sie mit Lebensfreude und neuen Inspirationen erfüllt? Wenn Sie dann, so durchgepustet, in den Wald wie in eine große Wandelhalle eintreten, umgibt Sie die Stille und Ruhe dieses Lebensraumes. Herrlich!

Legt der Wind allerdings einen Gang zu und kommt stürmisch brausend daher (Achtung, auf das Hin und Her der Baumkronen achten!), ist der Wald und das Wandeln unter großen Bäumen für Sie absolut tabu. Zu groß ist dann die Gefahr herabbrechender Äste und umstürzender Stämme.

Förster-Tipp

Sturmholz sind von Sturm oder Orkan entwurzelte oder geknickte Bäume, die einzeln oder aber auf großen Flächen (nach Orkanen wie Lothar oder Kyrill) auftreten. Für Forstwirte ist das Räumen der Waldwege und Beseitigen von Sturmholz eine ihrer gefährlichsten Arbeiten.

Solche Kräfte kann der Wind entfalten: einmal den Stamm wie Spaghetti gedreht. Das war's.

HERBST

Tipp 72 — Förster-Zeichen verstehen

Die Forstämter legen fest, wie viel Holz in jedem Wald im Jahr gefällt werden darf. Der Förster bestimmt dann, welche Bäume gefällt werden. Für die Forstwirte und Waldarbeiter, die die Bäume fachgerecht fällen, markiert er die Stämme mit Stiften, Bändern oder Farbspray: Es gibt Zeichen für die Bäume, die „reif" sind und gefällt werden sollen, für die Zukunftsbäume, die gefördert werden müssen, und für die Schneisen zwischen den Baumstämmen, auf denen sich die Maschinen (Harvester und/oder Traktoren) bewegen dürfen.

Förster-Tipp
Wenn Sie wissen wollen, was die einzelnen Zeichen in Ihrem Wald genau bedeuten, so fragen Sie einfach den Förster.

Tipp 73 — Was ist ein Zukunftsbaum?

Holz ist ein wichtiger Rohstoff und Haupteinnahmequelle der staatlichen oder privaten Waldbesitzer – und ein dicker, gerader Stamm ohne Astlöcher oder Baumpilze ist von besserer Qualität als ein dünner, krummer. Daher haben die Förster ein besonderes Augenmerk auf diese dicken Bäume. In einem modernen, nachhaltig bewirtschafteten Wald sind die Bäume nicht mehr alle gleich alt oder gleich hoch, sondern verschieden, ganz junge bis ganz alte Laub- und Nadelbäume stehen nebeneinander. Junge Bäume sollen auf natürliche Weise nachwachsen. Es gibt auch keine kahl geschlagenen Flächen mehr, denn dieser Wald bleibt dauerhaft erhalten. Stets werden nur einige Bäume oder Baumgruppen gefällt. Die restlichen Bäume bleiben stehen, manche dürfen zu alten Baumriesen heranwachsen, auf denen unzählige Tiere leben. Auch Totholz ist in einem solchen Wald ausdrücklich erwünscht. Wundern Sie sich darum nicht, warum viele Waldstücke heutzutage so „unaufgeräumt" scheinen – das ist gut und richtig so!

Auf einmal kehrt **RUHE** ein

Die letzten Blätter sind von den Bäumen gefallen und haben die leuchtenden Herbstfarben mitgenommen: Ruhe zieht ein in den Wald mit gedeckten Weiß-, Blau-, Schwarz- und Brauntönen. Das Leben der Pflanzen und Tiere spielt sich nun mehr im Verborgenen ab, unter der Erde und in geschützten Verstecken. Dennoch ist der kahle Wald nicht leblos – schalten Sie einen Gang zurück und lassen Sie sich ein auf den Winterwald. Nur wenige Tiere sind zu beobachten, dafür umso mehr ihre Spuren – am Boden die Trittspuren von Rehen oder Füchsen, an den Zapfen die Fraßspuren von Spechten oder Mäusen (siehe Tipp 83).

WINTER

Abenteuer-Tipp
Für ganz Mutige: Schuhe und Strümpfe aus und barfuß über einen kurzen, selbst gelegten Parcours (dazu kleine Wegflächen jeweils dicht mit Fichtenzapfen, Laub, Moos, Sand, Schnee belegen) oder auf dem offenen Boden laufen.

TIPP 74 Winterspaziergang

In der dunklen Jahreshälfte ist der Hunger nach Licht besonders groß. Das hat hormonelle Ursachen, denn bei wenig Licht wird viel Melatonin von der Zirbeldrüse freigesetzt. Viel Melatonin macht sie müde und trübsinnig. Das Gegenmittel: rausgehen. Draußen tanken Sie gute Laune, etwa bei einem Spaziergang im Wald. Und wenn Sie dann in flottem Schritt durch die Winterlandschaft gehen, geben Sie auch Ihrem Kreislauf einen ordentlichen Kick. Wenn Ihnen so richtig warm ist, schalten Sie einen Gang zurück und nehmen intensiv die Umgebung wahr: Achten Sie auch auf kleine Details, den zuckerähnlichen Reifüberzug auf einem hängen gebliebenen Blatt etwa oder die roten Hagebutten im Gebüsch.
Welche Geräusche können Sie hören? Wie riecht der Winterwald? Wie fühlen sich die Rinden von Rot-Buche, Eiche und Fichte an?
Und wenn die Kälte wieder langsam in Ihren Körper krabbelt, geht es im munteren Tempo weiter – oder Sie machen ein paar gymnastische Übungen.

WINTER

Winterwaldsee-Wünsche

TIPP 75 Der Winter ist auch die Zeit des Wünschens, denn mit dem zu Ende gehenden alten und dem Beginn des neuen Jahres stehen Rückblick und Vorschau an: Geben Sie Ihren Wünschen etwas mehr Beachtung. Auf einem stillen Waldsee setzen Sie kleine Schwimmkerzen (bitte kein Teelicht wegen der Aluhülle) auf ein Rindenstück, Kerze an und mit Ihren Wünschen fürs nächste Jahr bestückt fährt das Kerzenschiffchen hinaus aufs Wasser. Besonders stimmungsvoll ist diese Zeremonie in der Abenddämmerung.

Ausflugs-Tipp
Bei Schnee und Eis entstehen putzige Schneetierchen am Wegesrand: Ein Igel aus Schnee bekommt ein Stachelkleid aus Nadelblättern oder kleinen Ästchen, Zapfenschuppen bedecken den Körper einer Schnee-Eidechse.

WINTER

TIPP 76 Zauberwelt Raureif

An einem klirrend kalten Wintermorgen verzaubert Raureif die Landschaft. Wie Zucker umhüllen die Eiskristalle Zweige und Äste, Blätter und Früchte, Moose und Steine. Weht ein wenig Wind, so bilden sich zarte Gebilde in beachtlicher Größe und von filigraner Schönheit, die Sie unbedingt sehen müssen: So herrlich ist es auf der Erde! Steigt die Sonne dann höher am Himmel hinauf, verschwinden die faszinierenden Eisgebilde wie von Zauberhand. Herrschen Inversionswetterlagen kann sich der Raureif tagelang halten und wird immer dicker, denn jede Nacht bilden sich weitere Eiskristalle um die Pflanzen.

Ausflugs-Tipp
Sammeln Sie unterwegs Blätter, getrocknete Fruchtstände und andere Naturmaterialien. Geben Sie Wasser auf ein Backblech und legen Sie draußen die Natursachen dekorativ hinein. Über Nacht friert das Wasser und Sie erhalten eine schöne Eisplatte, z. B. für ein Windlicht vorm Fenster.

WINTER

Auf den ersten Blick erkennen Sie: Rinde ist nicht gleich Rinde.

Ausflugs-Tipp
Werfen Sie einen Blick (auch mit der Lupe) auf die kahlen Äste und Zweige, an denen sich die typischen Knospen präsentieren: die neugierig hervorstehenden der Rot-Buche, die schwarzen der Esche, die ein bisschen schwangeren der Linden, die klauenähnlichen der Weiden.

TIPP 77 Winterbäume bestimmen

Blattlos stehen sie nun da – unsere Waldbäume. Das ist doch die Herausforderung, dennoch die einzelnen Baumarten zu bestimmen und zu erkennen! Mithilfe der arttypischen Rinden und Knospen geht das mit der Zeit ganz einfach.
Halten Sie auch Ausschau nach alten Blättern und Baumfrüchten. Das sind die typischen Winterkennzeichen einiger Waldbäume:

● **Rot-Buche**
TYPISCH   glatte, graue Rinde, manchmal wellig, aber niemals rissig; braune, lange und spindelförmige Knospen; hin und her gebogene Zweige; am Boden evtl. Bucheckern.

● **Stiel-Eiche**
TYPISCH   braun- bis dunkelgraue Rinde mit deutlichem Netzwerk aus Furchen und Leisten; gelb- bis hellbraune, breit kegelförmige Knospen; waagerechte Äste.

● **Hainbuche**
TYPISCH   verdreht wachsender Stamm, hell- bis dunkelgraue, mit flachen Leisten überdeckte Rinde; schmal ei- bis kegelförmige Knospen, die dem Zweig eng anliegen.

● **Gemeine Esche**
TYPISCH   schwarzbraune, breit zwiebelförmige Knospen; graue bis graubraune, längs gefurchte Rinde.

WINTER

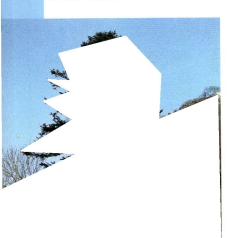

TIPP 79 Zeit der Holzernte

Wenn statt heimeliger Ruhe das laute Kreischen der Sägen den Wald erfüllt und rot-weiße Bänder einzelne Wege absperren, ist Erntezeit. Dann ist das Holz zwar nicht reif wie Obst, aber im Winterzustand gefälltes, nicht „im Saft" stehendes Holz ist weniger anfällig für Pilzbefall. Forstwirte oder Waldarbeiter haben einen der gefährlichsten Jobs, den es bei uns gibt. Einzelne

Der höchste heimische Baum, über 50 m hoch. Liefert Bauholz. Flache Nadeln mit unterseits 2 weißen Streifen und gekerbter Spitze. Zapfen aufrecht, zerfallen am Baum.

TIPP 78 Wie hoch ist denn der Baum?

Haben Sie sich das auch schon manchmal gefragt? Die Messmethode ist: einfach den Stamm ablaufen – und das sogar, wenn der Baum noch steht. Dazu müssen Sie nicht Spiderman sein, sondern nur die Spitze des Baumes sehen. Dann brauchen Sie noch einen geraden Stock und einen Helfer, der sich zunächst an den Stamm des Baumes stellt, dessen Höhe Sie herausfinden möchten. Nun halten Sie den Stock senkrecht an der ausgestreckten Hand und gehen so lange zurück (Achtung Stolpergefahr!), bis das untere Ende des Stocks am Fuß des Baumes beginnt und das Stockende genau am Baumwipfel endet. Dann kippen Sie den Stock im 90-Grad-Winkel seitlich in die Waagerechte (wobei das untere Ende des Stockes weiterhin am Fuß des Baumes liegt) – ob nach rechts oder nach links, hängt davon ab, wohin sich der Helfer im Wald überhaupt bewegen kann. Denn nun müssen Sie den Helfer über Stock und Stein, Äste und Gestrüpp genau zu der Position hindirigieren, in der er und das obere Stockende eine Linie bilden. Der Baum ist nämlich so hoch, wie der Abstand

WINTER 83

Bäume oder solche im unwegsamen Gelände fällen sie mit einer Motorsäge; muss viel Holz geerntet werden, kommt die Holzerntemaschine zum Einsatz. Der Harvester mit den riesigen Reifen besitzt einen langen Greifarm, mit dem er die Bäume fällt, die Äste entfernt und den Stamm in Stücke schneidet. Ihn live bei seiner Arbeit zu beobachten ist zu gefährlich, aber auf *www.youtube.com* können Sie kleine Filmchen über den Harvester anschauen. Lohnt sich!

Diesen Keil, den Waldarbeiter zuallererst aus dem zu fällenden Stamm sägen, können Sie später oft am Waldboden finden.

zwischen diesem und dem Helfer: Schritte zählen, Schrittlänge messen – und schon wissen Sie die Höhe. Weil das so gut geklappt hat, ist gleich der nächste Baum dran.

Förster-Tipp

Die Holzstämme am Wegesrand warten mit spannenden Vermessungsaufgaben auf Sie: Beim Auszählen der Jahrringe (jedes Jahr gibt es einen hellen und einen dunklen) erfahren Sie, wie alt der Baum ist. Zählen Sie auf beiden Seiten des Stammstücks die Jahrringe, bilden die Differenz daraus und messen dann die Stammlänge, wissen Sie, wie viel Meter der Baum in dieser Zeit gewachsen ist.

WINTER

So lieben ... den Winter, wenn ... er dicken ... liegt.

TIPP 80 — O Tannenbaum, wie grün sind deine Blätter

Blätter ist richtig, Tannenbaum allerdings nicht immer: Nicht jeder Weihnachtsbaum ist eine Tanne. Der Unterschied ist sofort spürbar: weiche Nadeln mit gekerbter Spitze = Tanne (heute meist eine Nordmanns-Tanne, leider ohne den feinen Harzduft der Weiß-Tanne), spitze Nadeln = Fichte (früher der Christbaum Nr. 1). Weitere Nadeldetails erkunden Sie mit der Leselupe: Vergrößert erkennen Sie z. B., dass bei den Tannen jedes Nadelblatt mit einer rundlichen, breiten Fußscheibe dem Zweig anliegt, während die Fichtennadelblätter auf kleinen, schmalen, erhabenen Höckern sitzen. Fichtennadeln lösen sich daher viel leichter vom Zweig als Tannennadeln – darum nadelt Ihr Fichten-Weihnachtsbaum im trocken-warmen Wüstenklima beheizter Zimmer so schnell. Wegen der Höckerchen fühlen sich nadellose Fichtenzweige rau wie eine Feile an, Tannenzweige hingegen ziemlich glatt. Das sollten Sie sich merken, können Sie daran auch beim nächsten Spaziergang im „Tannen"wald am Boden liegende Zweige voneinander unterscheiden.

Aufrechter Zapfen der Tanne

WINTER

Aus Fichtennadeln zaubern Sie ein wohltuendes Duftbad.

Hängender Zapfen der Fichte

TIPP 81 Tannentee und Fichtenbad

Würziger Tannenduft erfüllt den Nadelwald – das riecht so gesund, wie die Nadeln es auch sind. Nehmen Sie daher ein paar Zweige mit. Zu Hause schneiden Sie einen Esslöffel Tannennadeln sehr klein, übergießen sie mit einer Tasse heißem Wasser und lassen den Tee zehn Minuten lang ziehen. Dann Nadeln absieben, mit Honig süßen – und den duftenden Vitamin-C-reichen Tannentee genießen. Bestens geeignet bei einer Erkältung!

Ein Nadelbad ist eine Wohltat bei Erkältungen und beruhigt die Nerven: Zerkleinerte Tannen-, Fichten-, Kiefern- oder Douglasienblätter (300 g) in zwei Litern kochendem Wasser ziehen lassen und ins Badewasser geben. Dann heißt es für Sie nur noch zu atmen und die Seele baumeln zu lassen.

Ausflugs-Tipp
Hebeln Sie mit einem flachen Stöckchen vorsichtig die harten Harzklumpen von der Rinde der Nadelbäume. Eine wärmende Harzsalbe erhalten Sie, wenn Sie das Harz schmelzen und mit Olivenöl und Bienenwachs mischen.

WINTER

TIPP 82 Die Misteln des Miraculix

Auf den winterkahlen Bäumen fallen sie nun ganz besonders auf – grüne, dichte Kugeln. Das sind Misteln, allseits bekannt durch den Druiden Miraculix, der sie mit seiner goldenen Sichel von den Bäumen holte und daraus einen kräftespendenden Zaubertrank braute. Heilwirksam sind Mistelpräparate tatsächlich, verleihen aber keine übermenschlichen Kräfte, sondern stärken das Herz, erweitern die Gefäße und senken den Blutdruck. Auf die Bäume kommen die Misteln dank ihrer klebrigen Früchte, die – wie die Früchte des Efeus – im Winter reif werden. Drosseln und Seidenschwänze,

Steckbrief Mistel

Beliebter Weihnachtsschmuck: Unter der Mistel soll man sich küssen. Strauchartiger Halbparasit auf Bäumen. Wird bis zu 1 m groß und bis zu 70 Jahre alt. Derbe Blätter. Zweihäusig, d. h., auf einer Pflanze gibt es nur männliche oder nur weibliche Blüten, die unscheinbar sind. Erbsengroße, weiße Scheinbeeren mit schleimigem Fruchtfleisch. Giftig!

aber auch Spechte und Eichelhäher verzehren die Mistelfrüchte gern. Lästigerweise bleiben sie am Schnabel kleben – und so versuchen die gefiederten Freunde, sie durch Putzen an Ästen loszuwerden. Dort keimen die Mistelsamen und treiben sofort ihre Senker ins Holz, wo sie neben Halt auch Wasser und Mineralsalze finden. Dank ihrer grünen Triebe und Blätter produzieren die Misteln die Zuckerverbindungen aber selbst – darum werden sie Halbparasiten genannt.

Förster-Tipp

Um das Alter einer Mistel zu erfahren, müssen Sie nur die Anzahl der Verzweigungen zählen: Jedes Jahr wird nämlich eine neue Gabelung angelegt, nachdem die Blätter des letzten Jahres abgefallen sind.

WINTER

Knabberspaß Fichtenzapfen

TIPP 83

Das, was landläufig Tannenzapfen heißt, ist in Wirklichkeit ein Fichtenzapfen. Tannenzapfen landen nämlich niemals am Waldboden, sondern lösen sich schon hoch oben auf dem Tannenbaum in einzelne Schuppen auf.

Nun können Sie unter Fichten Unmengen an länglichen Fichtenzapfen finden. Unter ihren Deckschuppen liegen versteckt die Samen, auf die es allerlei Tiere abgesehen haben. Je nach Art und Weise, wie die verschiedenen Tiere an die Samen gelangten, hinterlassen sie andere Spuren an den Zapfen – und an denen können Sie erfahren, wer denn am Zapfen geknabbert hat:

Manche Tiere hinterlassen recht ordentliche Zapfen: Fein säuberlich nagen sie die einzelnen Schuppen ab (Mäuse) oder beißen sie mittendurch (Fichtenkreuzschnabel). Eichhörnchen und Spechte hingegen gehen nicht besonders zimperlich mit dem Zapfen um. Eichhörnchen reißen die Schuppen ab. Spechte bearbeiten sie mit dem Schnabel (siehe Tipp 84).

Mit etwas Spürsinn und Glück: Vielleicht finden Sie ja von jedem dieser Samenfresser einen bearbeiteten Zapfen!

Der Spezialist unter den Fichtensamenfressern: der Fichtenkreuzschnabel.

WINTER

TIPP 84 — Überlebenskünstler

Die Vögel, die hier geblieben sind, haben es nicht leicht: Es gibt wenig Nahrung und zugleich zehrt energiefressend die Kälte am kleinen Vogelkörper, der stets auf 40 °C und mehr geheizt sein will. Schauen Sie sich die Vögel nun genauer an: Kugelrund und mit weit aufgeplustertem Gefieder schaffen sie eine isolierende Luftschicht um ihren Körper.
Doch die stillen Wintertage versprechen auch Begegnungen der besonderen Art: Kernbeißer und Wintergoldhähnchen etwa, die man im Sommerhalbjahr so gut wie nie zu Gesicht bekommt, verlassen nun die hohen Baumkronen und gehen auch im Gebüsch auf Nahrungssuche. Achten Sie auf die hohen, leisen Rufe des Goldhähnchens, des kleinsten Vogels Europas.

Kernbeißer

● **Brutzeit im Winter**
Der Fichtenkreuzschnabel ernährt sich nur von den Samen in den Fichten-, Kiefern- und Lärchenzapfen, die mitten im Winter reif werden. Drum brütet er dann, wenn der Tisch üppig gedeckt ist – auch mitten im Winter. Sein Nest liegt meist oben in der Spitze eines Nadelbaums (achten Sie auf die nasalen Bettelrufe der Jungen), aber am Boden können Sie ihn mit etwas Glück bei der Nahrungssuche entdecken.

TIPP 85 — Wer ist überhaupt noch da?

Überleben heißt es im Winter für alle Tiere im Wald. Wer keinen warmen Körper hat wie Eidechsen, Schlangen, Kröten, Salamander, Insekten und Spinnen, verbringt die kalte Jahreszeit in einem frostsicheren Versteck in einer Art Kältestarre.
Bei den Vögeln scheiden sich die Geister – manche sind im „Sommerurlaub" im Süden, die anderen bevorzugen als Überlebenskünstler das hiesige Winterklima (Vorteil: Sie können im Frühjahr als Erste die besten Brutreviere besetzen).
Bei den Säugetieren gibt es vielerlei Strategien, über den Winter zu kommen:
→ Igel, Fledermäuse, Siebenschläfer, Haselmaus: Winterschlaf
→ Dachs, Eichhörnchen, Maulwurf, Wald- und Rötelmaus: ruht viel,

WINTER

Ausflugs-Tipp

Kaum werden die Tage länger, beginnen die ersten Vögel schon wieder singend ihre Brutreviere zu markieren. Kohlmeisen etwa lassen ihr lustiges „zizibä" schon an den ersten sonnigen Januar- und Februartagen ertönen.

● **Am Baumstamm**

Auffälliger sind die Spechte, allen voran der schwarz-weiß-rote Buntspecht. Da holzbewohnende Insekten das ganze Jahr über erreichbar sind, können Sie ihn auch im Winter klopfend an den Baumstämmen beobachten. Auch die feinen Samen der Fichtenzapfen munden ihm; mangels passendem Werkzeug hackt er heftig auf den Zapfen ein. Manchmal klemmt er die Zapfen auch in passende Rindenritzen ein, um sie besser mit seinem Schnabel bearbeiten zu können. Am Boden unter einer solchen Spechtschmiede sammeln sich dann die ziemlich wüst zugerichteten Zapfen.

Auch Kleiber gehen am Baumstamm auf Nahrungssuche. Neben Insektenlarven klauben sie auch Baumfrüchte (z. B. Haselnüsse oder Bucheckern) aus den Rindenritzen, die sie dort versteckt haben.

Kohlmeise

ernährt sich zwischendrin immer wieder von seinen Vorräten
→ Rot- und Damhirsch, Reh, Wildschwein, Rotfuchs: auch im Winter aktiv

Förster-Tipp

Rehe schließen sich im Winter zu größeren Gruppen (Sprüngen) zusammen, die gern tagsüber den Wald verlassen und auf angrenzenden Wiesen und Feldern gemeinsam äsen.

WINTER

Schlittentour mit Hunden

TIPP 86

Abenteuer pur verspricht eine Schlittenfahrt mit Schlittenhunden, sogar bei Mondschein. Vorab gibt es ein paar spannende Informationen zum Hundegespann, die nur auf Zuruf den richtigen Weg finden, dann in warme Decken einhüllen – und los geht's durch den Winterwald. Vielleicht können Sie ja sogar als Bremser oder Lenker ihres Gespannes selbst aktiv werden.

Schlittenhunde sind ein eingespieltes Team, denen herrliche Schlittentouren sichtbar Freude machen.

Spurensuche im Schnee

TIPP 87

Im weichen Schnee hinterlassen Rehe, Wildschweine und Füchse, aber auch Ihr Hund eine arttypische Spur aus Huf- oder Pfotenabdrücken. Trittsiegel werden sie von Biologen genannt. Wenn Sie eine solche Spur verfolgen, erfahren Sie nicht nur, welches Tier von woher nach wohin gegangen ist, sondern noch viel mehr: Wie schnell das Tier unterwegs war etwa, ob es allein oder zu mehreren war, ob es verfolgt wurde und vieles mehr.

Welches Tier ist hier wohl gelaufen? Schauen Sie auf der hinteren Klappe nach.

Abenteuer-Tipp

Suchen Sie auch die Stellen auf, an denen der Förster den Waldtieren Salz anbietet, und schmale Pfade (Wildwechsel), auf denen die Tiere durch den Wald ziehen. Dort finden Sie oft zahlreiche Spuren verschiedener Waldtiere.

WINTER

TIPP 88 Ohne Bär, Wolf und Luchs

Weil es in unseren Wäldern nur sehr selten große Raubtiere wie Braunbären, Wölfe oder Luchse gibt, haben Rehe, Hirsche und Wildschweine keine natürlichen Feinde mehr. Daher können sie sich sehr stark vermehren. Zudem werden sie oftmals noch im Winter gefüttert, was ihren Bestand noch weiter in die Höhe schnellen lässt. Dann knabbern die hungrigen Huftiere auch an Rinden und Knospen, zum Leidwesen der Bäume. Jäger übernehmen daher die Rolle von großen Fleischfressern, denn ein Zuviel an Pflanzenfressern schadet nicht nur dem Wald, sondern auch den Tieren selbst.

Fraßspuren an einem jungen Baum

Wölfe tragen Wildnis pur in ihrer Aura! Rechts: An den typischen Pinselohren erkennen Sie den Luchs!

REGISTER

Ahorn 10, 13, 34, 62
Ameise 25, 26, 71
Ameise, Wald- 25, 32
Amsel 24
Aronstab 12, 13, 53

Bär, Braun- 72, 91
Bärlauch 12, 14/15
Bär, Wasch- 42, 69
Basteln 31, 41, 54, 59, 62
Baum 13, 15, 30/31, 32,
  33, 34/35, 36/37, 66,
  75, 81, 82/83, 84
Baumläufer 18, 20, 32, 89
Beere 46/47, 52, 53
Berberitze 52, 62
Bewegung 36, 37,
  40/41, 59
Biene, Wild- 20
Birke, Hänge- 34
Blatt 14, 31, 34/35, 58
Blindschleiche 48
Blume 12, 38, 39
Blüte 10, 11
Bodentiere 49
Brennnessel 15, 50/51
Buche 10, 11, 15, 17
Buchecker 62, 66/67
Buche, Hain- 62, 81
Buche, Rot- 10, 13, 31,
  80, 81

Dachs 8, 26, 41, 42, 89
Douglasie 34/35
Drossel 19,24, 46, 70, 86

Eberesche 34/35, 51,
  52, 62, 70
Efeu 53, 60
Eiche 10, 11, 13, 17, 32,
  33, 35, 62, 66/67
Eiche, Rot- 35
Eiche, Stiel- 33, 81
Eichelhäher 32, 66, 86
Eichhörnchen 32, 33,
  67, 73, 87, 89
Eidechse 48, 88
Elsbeere 52, 62
Erle, Schwarz- 34
Erleben 10, 13, 16, 17,
  26, 27, 30, 32, 33, 34/
  35, 38, 41, 42, 43, 49,

51, 54, 63, 64, 65, 66/
  67, 68, 73, 74, 75, 78/
  79, 80, 81, 82/83, 90
Esche, Gemeine 35, 80,
  81
Eule 24, 41, 42

Faulbaum 51, 53
Feuersalamander 48
Fichte 10, 11, 30, 84, 85,
  87, 88/89
Fichtenkreuzschnabel
  87, 88
Fingerhut 39, 53
Fink 16, 46
Fledermaus 20, 21, 32,
  42, 89
Fotosynthese 14
Frosch 26/27
Frühblüher 12
Fuchs 8, 41, 42, 90
Fuchs, Kleiner 51
Fuchs, Rot- 24, 44, 89

Gartenrotschwanz
  20, 46
Genießen 11, 14/15, 52,
  61, 85
Giftig 39, 48, 53, 65, 70
Goldhähnchen 88
Goldnessel 38
Gräser 51, 54
Grasmücke 21, 46

Habicht 18, 19
Hagebutte 52, 62
Hallimasch 65
Haselnuss 62
Herkulesstaude,
  Riesen- 53
Hirsch 14, 42, 65, 72/73,
  89, 91
Holunder 52, 62
Hopfen 60, 61
Hornisse 20, 32, 68

Igel 89

Käfer 20, 32, 33, 55, 65
Kastanie 62
Kauz, Wald- 16, 20, 32,
  33, 42

Kernbeißer 62, 88
Kiefer, Wald- 30
Kleiber 18, 20, 21, 32,
  33, 89
Kornelkirsche 52, 62
Kräuter 14/15
Kreuzotter 48
Kröte, Erd- 26/27, 49, 88
Kuckuck 18, 47

Libelle 50
Lilie, Türkenbund- 39
Linde 13, 34, 80
Luchs 45, 91

Maiglöckchen 12, 15,
  38, 53
Marder, Baum- 20, 32,
  33, 42
Maus 24, 32, 33, 42, 44,
  87, 89
Mäusebussard 24, 46
Maus, Hasel- 24, 70, 89
Meise 20, 21
Meise, Kohl- 16, 20, 32,
  33, 89
Mistel 53, 86
Molch 27
Moos 38
Mosaikjungfer, Blau-
  grüne 50

Nachtfalter 39
Nuss 66/67, 70

Pappel 11, 34
Pfaffenhütchen 53, 70,
Pilz 32, 38, 43, 64, 65,
Pilz, Baum- 64

Raupe 21, 33, 50/51
Raupe, Prozessions-
  spinner- 32
Reh 8, 41, 42, 65, 73,
  88/89, 90, 91
Rotkehlchen 47, 70

Salamander 88
Schattenblume 12, 38
Schlittenhund 90
Schmetterling 50/51
Schnäpper 20, 46

Schnecke 23, 27, 49
Seidenschwanz 86
Siebenschläfer 20, 24,
  42, 70, 89
Specht 17, 18, 20,21, 68,
  86, 87, 89
Specht, Bunt- 17, 32, 33,
  73, 89
Specht, Grün- 17, 26
Specht, Schwarz- 8, 17
Sperber 18, 19
Spiel 13, 21, 22, 23, 43,
  59, 69
Spinne 18, 51, 88
Spinne, Wolfs- 51
Springkraut 38
Spuren 87
Storchschnabel 38
Storch, Schwarz- 45

Tanne 11, 84, 85, 87
Tanne, Nordmanns- 35,
  84
Tanne, Weiß- 35, 82, 84
Taube 16, 18, 32, 47
Taubenschwänzchen 39
Taubnessel, Weiße 15,
  71

Veilchen 12, 14/15, 51
Vogel 16, 17, 18, 19, 20,
  21, 40/41, 46, 47, 66,
  88/89
Vogelbeere
  → Eberesche

Wald-Geißblatt 51, 60
Waldrebe, Gemeine 60
Weide 34, 80
Weidenröschen 14/15,
  39
Wendehals 17
Wildkatze 45
Wildschwein 8, 9, 41,
  42, 89, 90, 91
Wintergoldhähnchen
  88
Wolf 45, 91

Zapfen 67
Zaunkönig 89
Zunderschwamm 64

IMPRESSUM

Bildnachweis: Mit 120 Fotos von **Adamyzyk**, M. 40, VK/T35, **Alkimson** 11, **ArtmannWitte** 630, VK/T60, **AVTG** 310, **Azaliya** 30, **benoitrousseau** 90, **Berg**, M. 55, 640, VK/T61, 860, **Birute** 59, VK/T56, **Cölsch**, S HK/Autorin, **contrastwerkstatt** 29, Rückseite/m, **Danegger**, M.16, VK/T10, **elenarostunova** 300, **forestc** 69, **fotoart** 4, 84, **fotolinchen** 34, **FotoMike** 15, **fotomorgana** 28, **Gartenschatz** VK/T7, 3, 110, 12/13, 140, 860, HK/T7, **Georgiew**, G. 520, **Hecker**, F. VK/T1/3/ 37/40/48/69/84, 3, 7, 8, 9, 10, 12u, 17, 18, 19o/u, 20, 21, 240/u, 260/u, 27, 31u, 320/u, 33, 35u, 420/u, 44, 45, 490, 50, 51, 54, 56, 65, 68, 72, 77, 79u, 880, 89, 90u, 910/m/u, HK/T37/15/27/77, Rückseite/r/l, **Henschel**, M. 76, **InCommunicado** 790, VK/T75, **JanUFotO** 63u, **june-breeze** 61, **kcphotoman** 350, **Kramer**, J. 48u, HK/T44, **Lehmann** 80u, **Leo/fokus-natur.de** 70, HK/T67, **Linleo** 73, **Lippert**, C. 74, **lubashi** 85, VK/T81, **lunamaria** Cover, **Mackowiak**, J. 67, **MarBör** 49u, **mm88** 81, **mungg** 83u, VK/T78, **Mwiner** 66u, **Nimmervoll**, D. 83u, **Nuvola** 800, **pappamaart** 410, **pbpress** 88u, **Pedant**, C. 1, **Pforr**, M. 38, 39, 87, HK/T84, **prentiss40** 47, **Pröhl/fokus-natur.de** 430, **redmonkey8** 31, **Robinson**, T. 480, **Schmid**, W. 75, **seb_compiegne** 30/31, **Spielmanns**, K. 22, 25, 57, **Spohn**, R. 6, 60, 71, 82, **Teichert**, S. 4, 62, HK/T59, **Tilly**, P. 58, 78, **Twilight_Art_Pictures** 52u, **typo-graphics** 53, **Witherington**, R. 11u, **Zeininger**, P. 41u, 46, 660, **Zernecke**, K. VK/T19, 23. Davon wurden 39 Bilder von fotolia.com und 11 Bilder von iStockphoto.com bereitgestellt.

Mit 13 Farb-Zeichnungen auf der VK (Bäume) von Marianne Golte-Bechtle, Sigrid Haag (auch 84/85) und Roland Spohn sowie zwei Farbtafeln von Marianne Golte-Bechtle (HK/Trittsiegel). Alle weiteren Illustrationen von Walter Typografie & Grafik GmbH.

VK = Klappe vorn, HK = Klappe hinten, o = oben, m = Mitte, u = unten, r = rechts, l = links, T = Tipp

Umschlaggestaltung von Walter Typografie & Grafik GmbH, basierend auf der Gestaltung von Populärgrafik unter Verwendung von 4 Farbfotos. Vorderseite: Foto von lunamarina (Mädchen). Rückseite: Fotos links (Buntspecht) und rechts (Eichhörnchen) von Frank Hecker, Foto Mitte von contrastwerkstatt (Kinder).

Alle Angaben in diesem Buch erfolgen nach bestem Wissen und Gewissen. Sorgfalt bei der Umsetzung ist indes geboten. Verlag und Autorin übernehmen keinerlei Haftung für Personen-, Sach- oder Vermögensschäden, die aus der Anwendung der vorgestellten Materialien und Methoden entstehen können. Dabei müssen rechtliche Bestimmungen und Vorschriften berücksichtigt und eingehalten werden.

Unser gesamtes lieferbares Programm und viele weitere Informationen zu unseren Büchern, Spielen, Experimentierkästen, DVDs, Autoren und Aktivitäten finden Sie unter **www.kosmos.de**

Gedruckt auf chlorfrei gebleichtem Papier

© 2011, Franckh-Kosmos Verlags-GmbH & Co. KG, Stuttgart.
Alle Rechte vorbehalten
ISBN 978-3-440-12586-1
Projektleitung und Redaktion: Antje Albrecht
Grundlayout: eStudio Calamar
Satz: Walter Typografie & Grafik GmbH
Produktion: Markus Schärtlein
Printed in Italy / Imprimé en Italie

ALEXANDER ULBRICH
EICHENDORFFRING 36
95447 BAYREUTH
TEL: 017 63003626

Kosmos.
Die Natur entdecken.

111 Naturideen zum Entdecken

Wann haben Sie zuletzt unter freiem Himmel geschlafen, ein Froschkonzert besucht, mit Kindern am Bach gespielt oder duftenden Waldmeister für die Küche gesammelt? Blüten im Winter, die erste Schwalbe im Frühjahr, Fledermäuse in der Sommernacht und Pilze im Herbst – gleich vor der Haustür gibt es so viel zu entdecken!

Bärbel Oftring | Nix wie raus!
96 Seiten, 156 Abb., €/D 9,95
ISBN 978-3-440-12342-3

www.kosmos.de/natur

Bundesverband der Natur- und Waldkindergärten in Deutschland e.V.
www.bvnw.de
info@bundesverband-waldkinder.de